AF389281

SIMPLES RÉPONSES

AUX QUESTIONS OFFICIELLES

D'HISTOIRE ET DE GÉOGRAPHIE

(A) ATLAS UNIVERSEL ET CLASSIQUE

De Géographie **Ancienne, Romaine, du Moyen âge, Moderne et Contemporaine,**
à l'usage des établissements d'instruction secondaire; par MM. Drioux et Ch.
Leroy, 76 cartes coloriées. Un vol. gr. in-4°, demi-rel. basane.   **12 fr.**

Avec les délimitations fixées par les derniers traités de Prague et de Vienne.

CET ATLAS RENFERME LES CARTES SUIVANTES :

1. Cosmographie ou Tableau des systèmes du monde. — 2. Ciel et Terre : Planisphère céleste. — Comparaison de l'... terrestre. — 3, 4. *Géographie sacrée :* Dispersion des fils de Noé, avec l'époque patriarcale. — Terre de Chanaan, avec la marche des Hébreux dans le désert. — Terre sainte divisée en douze tribus. — Royaumes de David et de Salomon. — Royaumes de Juda et d'Israël, après le schisme. — Palestine sous les Machabées et sous Hérode. — Palestine depuis la naissance de J.-C. jusqu'à la ruine de Jérusalem. — 5, 6. Monde connu des anciens d'après Ptolémée. — Systèmes géographiques d'Eratosthènes et de Strabon. — Temps primitifs; monarchies d'Orient et anciennes races jusqu'au Xe siècle avant J.-C. — Égypte ancienne. — 7, 8. *Carte pour l'histoire grecque :* Grèce ancienne. — Temps héroïques, colonies grecques etc. — Asie Mineure, Syrie, Phénicie, pour les guerres médiques, la retraite des Dix-Mille, etc. — Macédoine et Thrace. — 9, 10. Monarchies comparatives de Cyrus, de Darius et d'Alexandre. — États formés successivement après Alexandre, dans l'Asie Mineure et la haute Asie. — 11. Italie ancienne. — Supplément pour l'histoire romaine jusqu'aux guerres puniques. — 12. Gaule ancienne. — 13. Bassin de la Méditerranée, pour les guerres de la république romaine. — 14, 15. Empire romain d'Orient et d'Occident à la mort de Théodose. — Provinces orientales de l'empire romain pour l'histoire des quatre premiers siècles de l'Église. — 16. Europe pour l'invasion des Barbares au Ve siècle, avec l'indication de la marche des peuples. — 17. France mérovingienne. — 1er partage des fils de Clovis. — 18. Empire de Charlemagne. — 19, 20. Empire des Arabes. — Empire des Mongols. — Démembrement de l'empire de Charlemagne (888). — 21. Europe féodale, pendant les XIe et XIIe siècles. — 22, 23. France féodale, avant les croisades. — Supplément pour les possessions des Plantagenets, à la fin du XIIe siècle. — — 24, 25. Europe à l'époque des croisades, avec l'indication des routes suivies par les croisés (1095-1270). — Égypte pour la 7e croisade. — 26. Europe féodale en 1328 (à l'avénement de Philippe VI de Valois). — 27, 28. Europe pendant la dernière période du moyen âge. — Supplément pour la guerre de Cent ans et pour la rivalité de Gênes et de Venise. — 29. Europe à l'époque de Charles-Quint (1453-1558). — 30, 31. Europe depuis l'abdication de Charles-Quint, jusqu'à la fin de la guerre de 30 ans (1556-1648). — France comparée à la mort de Henri III et à la mort de Henri IV. — 32, 33. Europe en 1715 (pour le règne de Louis XIV). — Supplément pour les Pays-Bas. — Supplément pour le cours du Rhin et la haute Italie. — 34. Europe pendant le XVIIIe siècle. — 35, 36. France divisée en 32 gouvernements. — Supplément pour l'Ile-de-France. — 37. Europe pour les guerres de la république et de l'Empire. — Supplément pour l'Égypte. — 38. Allemagne divisée en cercles. — 39. Empire français divisé en 130 départements. — 40. Europe de 1815 à 1866. — 41. Planisphère indiquant les principaux voyages autour du monde, et les grandes découvertes géographiques depuis le XVe siècle. — Bassins généraux du globe. — 42, 43. Mappemonde indiquant les possessions coloniales des diverses puissances. — Régions circompolaires. — 44. Carte physique de l'Europe. — 45. Europe politique et ethnographique. — 46. Carte physique de la France. — 47. France divisée en bassins. — 48, 49. Carte physique et politique de la France (divisée en 89 départements). — Département de la Seine (carte de double grandeur). — 50. Carte physique de l'Allemagne du Nord. — 51. Carte physique de l'Allemagne du Sud et de l'Italie du Nord, chaîne des Alpes. — 52. Carte physique et politique de l'Europe centrale : Autriche, Prusse, Allemagne du Nord et Allemagne du Sud. — 53. Carte physique et politique de la Confédération germanique (1815-1866). — 54. Carte physique et politique de la Belgique et de la Hollande. — 55. Carte physique et politique des îles Britanniques. — 56. Carte physique et politique des États scandinaves : Danemark, Suède et Norwége. — 57. Carte physique et politique de la Russie d'Europe. — 58. Carte physique et politique de la Suisse. — 59. Carte physique et politique de l'Espagne et du Portugal. — 60, 61. Carte physique et politique de l'Italie, de la Turquie et de la Grèce. — 62, 63. Carte politique et ethnographique de l'Asie. — Supplément pour l'Asie occidentale. — 64, 65. Carte physique et politique de l'Asie occidentale comparée entre la Méditerranée et l'Indus. — Asie Mineure. — 66. Carte physique et politique de l'Asie orientale. — 67, 68. Carte physique et politique de l'Afrique. — Afrique septentrionale comparée. — Égypte comparée. — 69, 70. Carte physique et politique de l'Algérie. — Colonies françaises. — 71, 72. Carte physique et politique de l'Amérique du Nord. — Tracé des voyages de Christophe Colomb. — Mexique. — 73. Carte physique et politique des États-Unis. — Canada. — 74, 75. Carte physique et politique de l'Amérique du Sud. — Antilles. — 76. Carte physique et politique de l'Océanie.

SIMPLES RÉPONSES

AUX QUESTIONS OFFICIELLES

D'HISTOIRE ET DE GÉOGRAPHIE

POUR LES DEUX BACCALAURÉATS

ET LES ÉCOLES DU GOUVERNEMENT

AVEC DES NOTES MNÉMONIQUES

PAR

M. CLOUET

Professeur d'Histoire au lycée de Napoléonville.

PARIS

LIBRAIRIE CLASSIQUE D'EUGÈNE BELIN

RUE DE VAUGIRARD, 52.

1868

Tout exemplaire de cet ouvrage non revêtu de ma griffe sera réputé contrefait.

SIMPLES RÉPONSES
D'HISTOIRE ET DE GÉOGRAPHIE

CLASSE DE RHÉTORIQUE.

QUESTION I.

MINORITÉ DE LOUIS XIV. — LA FRONDE. — GUERRE CONTRE L'ESPAGNE. — TRAITÉ DES PYRÉNÉES.

1643-61 **Minorité de Louis XIV.** — Le roi n'avait que cinq ans; Anne d'Autriche, sa mère, fut nommée Régente par le Parlement, qu'elle promit de consulter. D'abord elle gouverne avec les *Importants*, ses anciens amis, puis avec Mazarin, habile continuateur de la politique *étrangère* de Richelieu, mais administrateur négligent et cupide à l'intérieur.

1648-53 **La Fronde.** — C'est la ligue des *Importants* et du *Parlement* contre Mazarin. Il y eut deux Frondes :

1° **Vieille Fronde** (ou Fronde parlementaire, le Parlement étant à la tête).

CAUSE : Le Parlement veut être associé au pouvoir et on ne le consulte pas.

PRÉTEXTE : Édits fiscaux d'Émeri, surintendant des finances, et sa banqueroute du mois d'août 1648.

LUTTE (à Paris). Le Parlement la commence en s'opposant aux édits du *toisé* (1644), du *tarif* (1646), ce qui lui gagne l'appui des Parisiens ; puis en formant avec les cours des Aides, des Comptes et le grand Conseil, une **1648** seule assemblée pour gouverner la France (mai 1648). Mazarin fait arrêter quatre conseillers (26 août). Le peuple les délivre à la *journée des Barricades*, et le Parlement fait approuver par la Cour une *constitution de 27 articles*, dont un lui donnait le *vote de l'impôt* (octobre). Condé, revenu de Lens, est envoyé bloquer Paris par la Régente retirée à Saint-Germain.

Résultat : *Paix de Ruel* (mars 1649). Elle consacre les prétentions des Chambres.

2° Jeune Fronde (ou Fronde des Princes, Condé et Conti étant à la tête).

Cause : La Régente fait emprisonner Condé pour son insolence et celle des Petits-maîtres (ses amis).

Lutte (Réthel, Orléanais, Paris) : Turenne vient de Stenay pour délivrer Condé ; il est battu par la Cour et le Parlement à Réthel. *Premier exil volontaire* de Mazarin, qui élargit les Princes ; courte réconciliation. Condé n'obtenant pas ce qu'il désire (le gouvernement du Midi), s'enfuit à Bordeaux, centre de son parti, y traite avec l'Espagne et revient sur Paris. Rencontré par d'Hocquincourt à *Bleneau* (*Orléanais*), il est vainqueur. Mais, battu par Turenne à la *porte St-Antoine*, il va rejoindre les Espagnols qui assiégent Arras. Un *nouvel exil* momentané de Mazarin amène une deuxième et définitive réconciliation (1653, octobre).

1653

Résultats de la Fronde : La Noblesse et le Parlement doivent renoncer à tout pouvoir politique.

1654-1659 **Guerre contre l'Espagne.** — L'Espagne n'ayant pas accédé à la paix de Westphalie (1648), malgré les victoires de Rocroi (1643) et de Lens (1648), avait profité de la Fronde pour nous reprendre Dunkerque. Elle assiégeait Arras en 1653. Turenne chasse Condé et les Espagnols d'*Arras* (1654), les bat aux *Dunes* (1658) et prend *Dunkerque*, avec le secours des Anglais de *Cromwell*, qui enlève et garde *la Jamaïque* (1655).

1658 **Traité des Pyrénées** (1658) (1). — *Roussillon* et *Artois à la France* avec la main de Marie-Thérèse, qui renonce à ses droits à la couronne d'Espagne, si l'on paye une dot de *cinq cent mille écus d'or*. *Jamaïque* aux Anglais et *Dunkerque*, qu'ils vendront à la France en 1662.

1. Remarquez que les dates des traités faits sous Louis XIV finissent par 8, excepté le dernier : Westphalie (1648), traité des Pyrénées (1658), d'Aix-la-Chapelle (1668), de Nimègue (1678), de Ryswick (1697).

QUESTION II.

GOUVERNEMENT PERSONNEL DE LOUIS XIV. — COLBERT ET LOU-
VOIS. — CONQUÊTE DE LA FLANDRE ET DE LA FRANCHE-
COMTÉ. — TRAITÉS D'AIX-LA-CHAPELLE ET DE NIMÈGUE. —
CHAMBRES DE RÉUNION. — RÉVOCATION DE L'ÉDIT DE NANTES.

1661-1715 Gouvernement personnel de Louis XIV. — Il gouverne en maître absolu, dirigé surtout par un vif sentiment de la dignité de la France, et par le conseil d'habiles ministres.

1661-83 Colbert : Ancien commerçant, ses prédilections sont pour l'*industrie* et le *commerce*, bien qu'il ne néglige pas l'agriculture. Dans tout ce qu'il fait, il n'a guère en vue que les finances et la splendeur de la France.

SON PLAN : *Diminuer* les dépenses, *augmenter* les revenus, tout en diminuant les impôts directs payés par les pauvres surtout.

IL DIMINUE LES DÉPENSES DE QUATRE MANIÈRES PRINCIPALES : 1° En remboursant les rentes vendues à vil prix ; 2° en réduisant le taux d'intérêt à 5 0/0 ; 3° en abaissant les droits de perception à 15 deniers au lieu de 5 sous ; 4° en faisant fabriquer les monnaies par l'État.

IL AUGMENTE LES REVENUS DE QUATRE MANIÈRES PRINCIPALES : 1° En faisant restituer 100 millions aux traitants ; 2° en élevant les *droits sur les consommations* ; 3° en réduisant le *nombre des juges et des nobles* qui ne payaient pas ; 4° en multipliant les recettes des douanes par le *développement de l'industrie, de l'agriculture et du commerce*. De là : *création de manufactures* (Sèvres, Gobelins, draps d'Elbeuf, Abbeville, etc., etc.) ; *système protecteur* et primes (50 sous par tonneau étranger) ; *marine* marchande et marine militaire pour la protéger (classes, ports militaires, École des gardes-marines, observatoire, etc. ; *colonies nouvelles* Petites-Antilles, Saint-Domingue, Terre-Neuve, Gorée, Chandernagor) et cinq compagnies privilégiées ; *Code* noir, Code maritime ; *routes*, canal du Languedoc, etc.

Louvois. — Il *organise l'armée* à peu près telle qu'elle est.

Administration militaire créée : Casernes, magasins de vivres, hôpitaux, solde, et *commissaires des guerres* pour y veiller.

Armée active réorganisée : Soldats divisés en régiments, uniforme, baïonnette, pas. Officiers soumis à *l'ordre du tableau* pour l'avancement *au-dessus de colonel* (1). Écoles des cadets et d'artillerie ; inspecteurs généraux.

Génie et fortifications : Corps des ingénieurs créé, ceinture de *places fortes* autour de la France, surtout de Dunkerque au Rhin.

1667-8 **Conquête de la Flandre.** — Guerre de Dévolution (2).

Cause : En vertu du droit *Flamand* de Dévolution, Louis XIV, à qui la dot de Marie-Thérèse n'a pas été payée, réclame, à la mort de Philippe IV (1665), les Pays-Bas et leur annexe, la Franche-Comté.

Lutte : *Turenne* occupe la Flandre, où Lille seule résiste neuf jours (1667) ; *Condé* prend la Franche-Comté en vingt jours (1668). (Le roi assiste à ces deux expéditions.)

1668 **Traité d'Aix-la-Chapelle.** — La Hollande force Louis XIV à le conclure en nouant la triple alliance. La Flandre nous est cédée, la Franche-Comté rendue à l'Espagne (3).

1672 **Conquête de la Franche-Comté. — Guerre de Hollande.** — (Le roi détache d'abord l'Angleterre et la Suède de la Hollande.)

Causes : Ressentiment de Louis XIV contre la Hollande, qui l'a arrêté dans la dernière guerre. Elle a frappé, dit-on, une médaille offensante, et prohibé les marchandises françaises.

Lutte : L'armée marche le long de la Meuse, et *passe le Rhin* à Tolhuys (fait militaire de 4ᵉ ordre, suivant Napoléon). Toutes les villes ouvraient leurs portes ; mais

1. Au-dessous les grades s'achetaient.
2. Succession du père *dévolue* aux enfants du premier lit en Flandre ; Charles II, le nouveau roi, était du deuxième lit, Marie-Thérèse du premier lit.
3. La cause indique ce que décidera le traité ; il faut donc savoir la cause et le point en litige pour toutes les guerres.

— 5 —

Guillaume d'Orange, nommé stathouder, après l'assassinat des frères de Witt, nous force à reculer en *rompant les digues* et en formant la 1re coalition contre Louis XIV.

1674 Première coalition. — Grande alliance de la Haye entre Hollande, Espagne, Empereur et Lorraine.

Lutte (sur cinq points) (1) :

1° Pays-Bas. { Condé bat les Hollandais à *Senef* (1674). Luxembourg, vainqueur à *Cassel* (1677), prend *Valenciennes* et *Cambrai*.

2° Franche-Comté : *Besançon* et la province entière enlevées par le roi et Vauban.

3° Rhin. { Turenne incendie *le Palatinat* (1674), bat les Impériaux à *Mulhouse*, *Colmar* et *Turkheim*, et meurt en les poursuivant, à *Salzbach* (Bade) 1675.
Condé chasse les Impériaux, revenus pour assiéger *Haguenau* et *Saverne* (1675).
Créqui leur prend *Fribourg* (1678).

4° Pyrénées : Scomberg bat les Espagnols, qui ont pris Bellegarde.

5° En mer : Duquesne bat les Hollandais à *Stromboli*, à *Agosta*, où périt Ruyter, et à *Palerme* (1676). Messine se donne à nous.

1678 Paix de Nimègue :

A la France : Franche-Comté et douze places des Pays-Bas.

A la Hollande : Abolition du tarif de 1667.

Chambres de réunion. — (A Tournay, Metz, Brissach et Besançon).

Destinées à chercher les dépendances de la Flandre, des Trois-Évêchés, de l'Alsace et de la Franche-Comté, elles réunissent *Strasbourg* et plus de vingt autres villes.

1685 Révocation de l'édit de Nantes. — Cédant à ses instincts d'unité, aux conseils de Louvois et de Letellier, à *l'opinion générale*, Louis XIV interdit l'exercice

1. Il suffit de connaître les coalisés pour savoir de quel côté se fait la guerre. Les cinq points *ordinaires* par où l'on attaque sont le Nord, le Rhin, les Alpes, les Pyrénées et la mer. La Suisse est neutre. Nous suivrons ordinairement cet ordre en commençant par le Nord.

public du protestantisme : missions, dragonnades ;
plus de 100,000 protestants s'expatrient, et parmi
eux, Scomberg, Papin, etc.

QUESTION III.

RÉVOLUTION DE 1688 EN ANGLETERRE. — GUILLAUME III. —
GUERRES DE LA LIGUE D'AUGSBOURG ET DE LA SUCCESSION D'ES-
PAGNE. — TRAITÉS DE RYSWICK, D'UTRECHT ET DE RASTADT.

1688 **Révolution de 1688 en Angleterre.** — Les Stuarts
avaient été restaurés en 1660.

CHARLES II (1660-1685) d'abord persécuteur des non-
conformistes, publia dans la suite une *déclaration d'in-
dulgence* en leur faveur. Les whigs (membres de l'opposition, adversaires des tories ou royalistes) y répondent par les *trois bills* du *test* ou de l'épreuve (1673),
d'*exclusion* (1679), d'*habeas corpus* (1679), et par le
complot de *Rye-House* (1683) dont *Russell* est victime.

JACQUES II (1685-1688), catholique. Monté sur le trône
malgré le *bill d'exclusion*, il fait gouverner par le jésuite
Peters. Il lui naît un fils (1688) ; c'est *alors* qu'on
appelle de Hollande son gendre Guillaume de Nassau.

RÉSULTATS POUR LA FRANCE : Les Anglais, auparavant nos
alliés, seront désormais à la tête des coalitions contre
la France.

Guillaume III (1688-1702) *stathouder de Hollande*,
calviniste austère, ennemi acharné de la France ; jure,
pour être agréé, la Déclaration des Droits (janvier 1689).
Immédiatement il commença la guerre de la ligue
d'Augsbourg qu'il avait nouée.

1688 **Guerre de la ligue d'Augsbourg.**

CAUSES : Opérations des Chambres de réunion ; révocation
de l'édit de Nantes ; révolution de 1688, qui fait entrer
l'Angleterre en lice contre Louis XIV, champion du
catholicisme.

LUTTE (sur cinq points) pendant que les Turcs attaquent
l'Empire à revers.

1° PAYS-BAS : Luxembourg vainqueur à *Fleurus* (1690),

Steinkerque (1692), *Nerwinde* (1693), prend *Mons* et *Namur*, bientôt perdue par Villeroi.

2° RHIN : Duras, le Dauphin et de Lorges incendient le *Palatinat* pour arrêter les Impériaux.

3° ITALIE : Catinat bat Victor-Amédée à *Staffarde* (1692), fuit devant Eugène qui ravage le Dauphiné, rentre à sa suite, et bat de nouveau Victor-Amédée à *Marsaille* (1697).

4° ESPAGNE : Vendôme prend *Barcelone* (1697).

5° SUR MER :
{ CHATEAU-RENAUD vainqueur à *Bantry* (1689), mais Jacques II battu à *la Boyne* (1690).
TOURVILLE vainqueur à *Beachy-Head* (1689), battu à *La Hougue* (1692) pendant qu'il attend d'Estrées qui vient de Toulon, mais il est vainqueur à *Lagos* (1693).
JEAN BART, DUGAY-TROUIN, POINTIS, corsaires; (Pointis prend Carthagène, 1693). }

1697 Traité de Ryswick, près La Haye (octobre 1697).

LA FRANCE :
{ 1° Rend ses conquêtes depuis la paix de Nimègue, excepté *Strasbourg, Landau, Longwy, Sarrelouis*, mais elle acquiert la baie d'Hudson et la moitié de Terre-Neuve ;
2° Elle reconnaît Guillaume comme roi d'Angleterre ;
3° Elle abolit pour les Hollandais le droit de 50 sous par tonneau, établi par Colbert. }

1701-1714 Guerre de la succession d'Espagne (Troisième coalition).

CAUSE : *Philippe, fils du Grand-Dauphin*, arrière-petit-fils de *Philippe* IV, et l'archiduc *Charles*, arrière-petit-fils de *Philippe* III, et par conséquent *plus éloigné d'un degré*, se disputent la succession d'Espagne.

PLAN DES ALLIÉS : Prendre les possessions extérieures de l'Espagne (Naples, Milanais, Belgique), avant d'envahir la France. Les trois défaites de *Spire* (1703), de *Turin* et de *Ramillies* (1706), nous font rentrer dans nos frontières.

Lutte (sur cinq points) (1) : *France avec Bavière contre
Autriche, Angleterre, Hollande, Portugal, Prusse.*

1° Pays-Bas.

Boufflers recule devant Marlborough, mais
bat les Hollandais à *Eckeren* (1703).

Villeroi laisse aller Marlborough en Bavière,
et se fait battre à son retour à *Ramillies*
(1706), ce qui nous fait perdre les Pays-
Bas.

Vendôme battu à *Oudenarde*, d'où prise de
Lille (1708).

Villars vainqueur à *Malplaquet* (1709) et à
Denain (1712).

2° Rhin :

Catinat laisse les Impériaux passer le Rhin
et prendre *Weissembourg, Landau, Haguenau.*

Villars prend *Kehl*, les bat à *Friedlingen*
(1701), assiége *Innspruck* pour se joindre
à Vendôme qui bloque Trente et marcher avec lui sur Vienne (2), mais Vendôme est forcé de rebrousser contre le
duc de Savoie, et Villars se retire aussi
et bat les Impériaux à *Hochsted* (1703).
Brouillé avec le duc de Bavière, on l'envoie dans les *Cévennes.*

Tallard bat les Impériaux à *Spire* (1703).

Marsin défait à *Hochsted* (1704) par Marlborough et Eugène, accourus pour sauver
Vienne de Villars et de Vendôme.

3° Italie :

Catinat ne peut fermer le Tyrol à Eugène
qui le bat à *Carpi* (1701). On l'envoie
sur le Rhin.

Villeroi battu à *Chiari* (1701) et pris dans
Crémone (1702).

Vendôme vainqueur à *Luzzara* (1702) assiége Trente pour joindre Villars.

Marsin battu à *Turin* (1706) est chassé
d'Italie.

1. Et dans les Cévennes, où Villars gagne Cavalier, le chef des Cami-
sards, par un brevet de colonel.

2. Ce plan de Villars sera répété sous la République : on marchera sur
Vienne par l'Italie et le Rhin. (Première et deuxième campagnes d'Italie.)

4° Espagne : { Berwick, par sa victoire d'*Almanza* (1707), ramène Philippe de Burgos à Madrid, d'où on l'avait chassé.
Vendôme l'y ramène une deuxième fois et bat les Autrichiens à *Villaviciosa* (1710).

5° En mer : { Comte de Toulouse vainqueur à *Velez-Malaga* après la prise de *Gibraltar* (1704).
Forbin, Cassart, Dugay-Trouin, Pointis, corsaires (prise de *Rio-Janeiro* en 1711 par Dugay-Trouin).

Traités d'Utrecht et de Rastadt : Espagne réduite à la péninsule en Europe.

La France obtient Espagne et colonies pour Philippe.

L'Autriche, les autres possessions espagnoles d'Europe (Sardaigne, Naples, Milanais, Belgique).

L'Angleterre, Gibraltar et Minorque et les possessions françaises d'Acadie, Terre-Neuve, baie d'Hudson.

La Hollande, quelques places des Pays-Bas pour barrières (Traité des Barrières, 1715).

QUESTION IV.

Caractère du gouvernement de Louis XIV et de son administration. — Institutions et fondations de ce règne. — Tableau des lettres, des arts et des sciences en France pendant le règne de Louis XIV.

Caractère du gouvernement et de l'administration de Louis XIV. — Monarchie absolue (1), unité de pouvoir, d'où :

Centralisation de toute l'autorité entre ses mains par le moyen des *intendants* ;

Surveillance des particuliers par la *police* et le *cabinet noir* ;

Anéantissement ou soumission de ce qui peut lui résister ou lui échapper *assemblées, clergé, noblesse, tiers-état, dissidents* en religion, :

1. Louis XIV n'a pas prononcé les mots : l'État c'est moi, mais il les a appliqués.

1° ASSEMBLÉES : Il ne réunit pas les *États généraux* : supprime ou annule la plupart des *États provinciaux* (Normandie et tout le bassin de la Loire, etc.); ordonne aux *Parlements* d'enregistrer les édits *sans remontrance*, et même affranchit de leur compétence judiciaire par des lettres de *surséance* ou de *cachet*.

2° CLERGÉ : Dignités ecclésiastiques presque toutes à la bourgeoisie, aussi le roi est-il tellement maître des évêques qu'ils lui donnent raison contre le Pape dans l'affaire de la Régale (1682), et qu'ils n'hésitent pas à formuler les quatre articles de l'Église gallicane contre *l'infaillibilité du Pape* et son *ingérence dans les affaires temporelles*.

3° NOBLESSE : Il ne lui laisse que les *grades militaires* et les *gouvernements* des provinces, *sans le pouvoir politique* donné aux intendants. Beauvilliers a été le seul noble appelé au conseil du roi pendant ce règne. Tout noble non disgracié doit vivre à la cour, c'est-à-dire sous la main du roi.

4° TIERS-ÉTAT : Quelques villes avaient encore des mairies *électives*, il les rend *vénales*.

5° DISSIDENTS : Les *protestants*, les *jansénistes* (Dieu ne donne pas sa grâce à tous ceux qui la demandent, les *quiétistes* (il faut aimer Dieu pour lui-même, non pour gagner le ciel ou éviter l'enfer), doivent se soumettre à la croyance royale.

Institutions et fondations de ce règne. — Il faut ajouter à ce qui a été dit à propos de Colbert et de Louvois (voir n° II) :

1° POUR LA LÉGISLATION : Ordonnance civile (1667), code Louis (1667), code des eaux et forêts (1669), ordonnance criminelle (1670).

2° POUR LA SURETÉ OU L'EMBELLISSEMENT DE PARIS : Fanaux, pompes à incendie, Val-de-Grâce, Institut, portes Saint-Martin et Saint-Denis, colonnade du Louvre, etc., etc.

Tableau des lettres, des sciences et des arts en France. — Écrivains et artistes subissent, à des degrés divers, la *triple influence* de la cour, de la religion et de l'antiquité.

1° Lettres. — Tous les écrivains ont le *même but : enseigner* (1).

HUIT MORALISTES RELIGIEUX ET PROFANES : Pascal (1662) (2), La Rochefoucauld (1680), Labruyère (1696), Bossuet (1704), Bourdaloue (1704), Fléchier (1710), Fénelon (1715), Massillon (1743).

CINQ POËTES PRINCIPAUX : Molière (1673), Corneille (1684), Lafontaine (1695), Racine (1699), Boileau (1711).

CINQ HISTORIENS PRINCIPAUX : De Retz (1679), Moréri (1680), Mézerai (1683), Saint-Réal (1692), Fleuri (1723).

2° Arts. — (Architecture, Sculpture, Peinture, Musique) (3).

1° ARCHITECTURE (elle imite l'antiquité et l'Italie) : Mansart (1646), Lenôtre (1700), Perrault (1703).

2° SCULPTURE (elle imite peu) : Puget (1695), Girardon (1715), Coysevox (1720).

3° PEINTURE (elle imite l'antiquité et l'Italie) : Lesueur (1655), Le Poussin (1685), Lebrun (1690), Mignard (1690).

4° MUSIQUE (elle imite l'Italie, Carissimi, Cavalli, etc.) . Lulli (1687).

3° Sciences. — Observation, expérimentation.

MATHÉMATIQUES : Descartes (1650), Fermat (1652), Pascal (1662).

PHYSIQUE : Mariotte (1684), Papin (1710).

BOTANIQUE : Tournefort (1708).

GÉOGRAPHES ET VOYAGEURS : Sanson (1667), Bernier (1688), Chardin (1713).

ÉTRANGERS CONTEMPORAINS : Le vieux Téniers (1649), Milton (1674), Hobbes (1679), Rembrandt (1688), le jeune Téniers (1694), Locke (1704), Newton (1726).

1. Aujourd'hui on ne cherche souvent qu'à amuser ou à émouvoir. Presque rien de pareil alors.
2. Les dates sont celles de la mort.
5. Tous les arts se trouvent réunis dans une église : corps de bâtiment (architecture), saints (sculpture et peinture), chant ou orgue (musique).

LOUIS XV, LOUIS XVI ET LEUR TEMPS
(1715-1789).

QUESTION V.

LOUIS XV. — RÉGENCE DU DUC D'ORLÉANS. — MINISTÈRE DE FLEURY. — GUERRE DE LA SUCCESSION DE POLOGNE. — TRAITÉ DE VIENNE.

1715-1774 Louis XV. — Prince ennuyé, indifférent et dépravé, fils du duc de Bourgogne, né en 1710. Il laissa gouverner successivement le Régent (1715-23), le duc de Bourbon (1723-26), Fleury (1726-43), La Pompadour (1745-64), Choiseul (1758-69), et le triumvirat de Terray, Maupeou et d'Aiguillon (1769-74).

1715-23 Régence du duc d'Orléans. — Deux faits généraux : Mesures financières, mesures politiques.

Mesures financières (pour payer les trois milliards de dettes de Louis XIV) :

1° *Refonte des monnaies*, en réduisant le titre (1); 2° opérations du *visa* pour réduire les créances; 3° *Chambre ardente* pour dépouiller les traitants; 4° *système de Law*, qui hypothèque 1 milliard 600 millions de billets sur la perception de l'impôt et le monopole du commerce des colonies. Déception du Mississipi (2), tout le monde veut réaliser en même temps; banqueroute (1720).

Mesures politiques : Dubois en est l'agent. Elles ont toutes pour but de garantir au régent la succession éventuelle de Louis XV, enfant maladif; de là, *droits de princes du sang* enlevés aux deux bâtards de Louis XIV (juin 1717); *triple alliance* (janv. 1717) entre France, Angleterre et Hollande contre l'Espagne, dont le ministre Alberoni

1. En mettant plus d'alliage et moins d'argent.
2. On avait annoncé qu'il y avait des mines d'or, ce qui fut reconnu faux.

avait formé le *triple projet* : 1° d'arracher la régence au duc d'Orléans ; 2° de rétablir les Stuarts ; 3° de reprendre les possessions espagnoles enlevées par la paix d'Utrecht. La *découverte de la conspiration* de Cellamare (1717), la mort de *Charles XII* et la défaite du *Prétendant* en Écosse, la *quadruple alliance* et les *victoires de Byng* et de *Berwick* amènent la paix de Madrid (1720) et font échouer ce triple projet. Le régent meurt en 1723.

1726-43 **Ministère de Fleury.** — Le duc de Bourbon (1723-26) avait marié le roi à Marie Leczinska, pour s'en faire une protectrice. Il fut remplacé (1726-43) par l'économe et pacifique Fleury, dont le ministère fut marqué par l'affaire des *convulsionnaires* (1727), la guerre de *la succession de Pologne*, et le début de celle de la succession d'Autriche.

1733 **Guerre de la succession de Pologne.** — (Contre Russie et Autriche).

Cause : Pour protéger Stanislas Leczinski, beau-père du roi, élu par 60,000 voix contre Auguste, électeur de Saxe, élu par 3,000 voix seulement, mais soutenu par la Russie et l'Autriche.

Lutte (en Italie et sur le Rhin). La France et l'Espagne contre la Russie et l'Autriche.

1° Italie.
- Villars prend le Milanais et meurt à Turin (1734).
- Coigny prend Parme et Plaisance par ses victoires de *Parme* et *Guastalla* (1734).
- Espagnols prennent Naples et Sicile (1734).

2° Rhin . Berwick prend *Kehl* et *Philippsbourg*, et meurt atteint d'un boulet. Arrivée de 10,000 Russes.

1739 **Paix de Vienne.** — (Médiation de l'Angleterre).

A l'Électeur de Saxe : Pologne.

A Stanislas : Duché de Lorraine, reversible à la France après sa mort.

A l'Espagne : Royaume des Deux-Siciles pour un Infant.

Au duc de Lorraine : Toscane après les Médicis.

QUESTION VI.

GUERRE DE LA SUCCESSION D'AUTRICHE ET GUERRE DE SEPT ANS. — PROGRÈS DE LA PRUSSE. — FRÉDÉRIC II. — TRAITÉ DE PARIS. — PERTE DES COLONIES FRANÇAISES.

1417-1740 Progrès du royaume de Prusse. — Les électeurs de Brandebourg s'établissent successivement sur tous les fleuves, du Rhin au Niémen.

(1417) Frédéric de Hohenzollern, margrave de Nuremberg, achète l'électorat de Brandebourg.

Ses successeurs s'établissent .

SUR L'ODER : par l'acquisition de Custrin et de Landberg (1640).

1617 SUR LE NIÉMEN (1617) : en héritant de la Prusse Orientale par un mariage.

SUR LE RHIN (1619) : par la succession de Juliers, qui leur donne Clèves, Mark, Ravensberg.

SUR LE WÉSER.
1648 SUR L'ELBE.
SUR L'ODER.
} en 1648, par l'acquisition de Minden, Magdebourg, Camin.

1658 SUR LA VISTULE (1658), par l'achat d'Elbing.

SUR LA MEUSE, par l'héritage de Guillaume de Nassau (1702), qui leur donne le pays de Kessel et la Gueldre.

(En 1707) acquisition de Neufchâtel.

1720 SUR ODER : Iles d'Usedom et Wollen, avec Stettin et Poméranie au sud de la Peene. (Traité de Stockholm, 1720).

1740 Frédéric II, le Grand (1740-86). — *Philosophe* lettré et passionné pour la France, *législateur* humain, *tacticien* froid et inspiré. Il n'eut pas d'autre morale politique que l'intérêt de son royaume.

1741-48 Guerre de la succession d'Autriche (1re Guerre de Sept ans).

CAUSE : Mort de Charles VI, sans autre héritier que sa fille Marie-Thérèse. Frédéric, roi de Prusse, le duc de Bavière, gendre de l'avant-dernier empereur, et plusieurs autres, réclament une part de la succession ; la

France, poussée par sa politique traditionnelle contre l'Autriche, soutient le duc de Bavière.

Lutte : 1° en Allemagne (Silésie, Bohême, Mein); 2° aux frontières et en mer (Pays-Bas et Italie).

1° Allemagne centrale :

> Frédéric II prend la Silésie par les victoires de *Molwitz* (1741) et de *Czaslau* (1742).
>
> Belle-Isle prend *Prague* (1741) après avoir enlevé *Lintz*; cerné, il sort par *Egra* (1742).
>
> Maillebois ouvre une retraite à Belle-Isle en prenant *Egra* (1742).
>
> Noailles défait à *Dettingen* (sur le Mein), par les Anglais (1743).

2° Pays-Bas : Le maréchal de Saxe bat les alliés à *Fontenoy* (1745), à *Raucoux* et *Lawfeld* (1746), ce qui nous livre la Belgique. — Il prend Maëstricht (1748).

3° Italie : Les Franco-Espagnols prennent *Nice* par la victoire de *Coni* (1744), le Milanais par celle de *Bassignano* (1745), mais ils sont défaits à *Plaisance* (1746) et la *Provence* est envahie.

4° En mer :

> Europe : 1° Bataille de *Toulon* (1744), *Brest* et *Lorient* bloqués (1745), combat du cap *Finisterre* contre la Jonquière (1747), de *Belle-Isle* contre l'Estanduère (1747). 2° Charles-Édouard vainqueur des Anglais à *Preston* (1745), à *Falkirk* (1746), est battu à *Culloden* (1746) Écosse.
>
> Amérique : *Louisbourg* et cap *Breton* pris (1745).
>
> Asie : Labourdonnaye prend *Madras* (1746), Dupleix défend *Pondichéry* (1747).

1748 Traité d'Aix-la-Chapelle parce que les Anglais ont peur de nous voir occuper Anvers en face de Londres.

A la Prusse : Silésie.

A la France : Abandon de ses conquêtes contre celles des Anglais.

A l'Espagne : Parme et Plaisance à un Infant.

A l'Angleterre : Reconnaissance de la maison de Hanovre.

A l'Autriche : Reconnaissance de Marie-Thérèse.

1756-63 Guerre de Sept ans (dite aussi 2e guerre de Sept ans).

Causes : 1° Marie-Thérèse veut reprendre la Silésie ; 2° les Anglais convoitent nos colonies ; (Meurtre de Jumonville 1754 et capture de trois cents navires français, en pleine paix).

Lutte (continentale et maritime contre le Hanovre, la Prusse et l'Angleterre).

Contre le Hanovre possession anglaise.

Les Français (1re armée), commandés successivement par d'Estrées, Richelieu et Clermont, sont vainqueurs à *Hastembeck* sur Weser (1757), enferment et font capituler Cumberland à *Closterseven* (1757), mais chassés au delà du Rhin par Brunswick, successeur de Cumberland, ils sont battus à *Crevelt* (1758).

Contre la Prusse.

Les Français (2e armée), commandés successivement par Soubise, Contades et Broglie, sont défaits avec les Autrichiens à *Rosback*, près d'Iéna (1757), sont vainqueurs à *Sondershausen*, à *Lutzelberg* (1758), à *Bergen* (1759), à *Corbach* (1760), à *Clostercamp*, où se dévoue d'Assas (1760) ; mais Contades a été battu à *Minden* (1759) et Broglie à *Vellinghausen*, sur la Lippe (1759).

Saxons, cernés à *Pirna* et incorporés dans l'armée prussienne (1757).

Russes : Prennent *Memel* (1757), *Kœnigsberg* (1757), battent les Prussiens à *Iœgerndorf* (1757), mais sont battus par Frédéric à *Zorndorf*, près Custrin (1758), puis vainqueurs de nouveau à *Zullichau* et à *Kunnerdorf*, près Berlin (1759).

Autrichiens : Frédéric les bat à *Lowoitz*, en Bohême, et à Prague (1751) ; il est battu à *Kollin* (1757) et la Saxe est envahie. Après Rosbach il les chasse en Silésie, les bat à *Lissa* (1757), à *Lieynitz* (1760), à *Torgau* (1760).

Contre l'Angleterre. En mer et aux Colonies

> Minorque conquise par Lagalissonnière et Richelieu (1756).
>
> Bataille de *Rochefort*, par Maureville (1756).
>
> Deux descentes des Anglais : à *Saint-Malo* (1758), à *Cherbourg* (1758) ; ils sont battus à *Saint-Cast* (1758).
>
> Préparatifs d'une descente en Angleterre : Laclue, parti de Toulon, est battu à *Lagos* (1759) en rejoignant la flotte de l'Océan, qui s'échoue sur les côtes du Morbihan (*bataille de M. de Conflans*, 1759). Thurot, sorti de Dunkerque, débarque en Irlande et se fait tuer (prise de *Belle-Isle*, 1761).
>
> Toutes nos colonies enlevées à Vaudreuil, à Montcalm, Lally, par Wolf et Clive (Canada et Inde).

1665 Traité de Paris. — Perte des colonies françaises.

A l'Angleterre : Canada et cap Breton ; Dominique, Saint-Vincent, Grenadilles, Grenade, Tabago ; Sénégal (moins Gorée) ; la Floride et la baie de Pensacola cédées par l'Espagne.

A la Prusse : La Silésie (traité d'Hubertsbourg).

A l'Espagne : Minorque, et plus tard la Louisiane, que lui donnera la France pour l'indemniser.

VII.

1764-74 Fin du règne de Louis XV. — Acquisition de la Lorraine et de la Corse. — Destruction des parlements. — État des esprits a cette époque ; progrès des sciences.

Fin du règne de Louis XV (1) (après le traité de Paris, 1763).

Le règne de Louis XV finit par le ministère patriotique de Choiseul et par le triumvirat du duc d'Aiguillon, de Maupeou et de Terray, créatures de la Dubarry.

1. 1764. Mort de la Pompadour, du dauphin et de la reine.

1764-70 CHOISEUL : Quatre faits principaux sous son ministère :

1° Marine relevée à soixante-quatre vaisseaux et cinquante frégates ;

2° Annexion de la Lorraine (1766), de la Corse (1769) ;

3° Jésuites supprimés sous prétexte qu'ils sont dangereux à l'État par leurs doctrines, dévoilées dans l'affaire Lavalette ;

4° États-Unis excités à la révolte ; Turcs poussés à secourir la Pologne.

1766 et 1769 **Acquisition de la Lorraine et de la Corse.** (Fait capital du ministère de Choiseul.

La Lorraine est réunie après Stanislas, selon la clause du traité de Vienne de 1736 (1).

La Corse, achetée de Gênes, est conquise sur Paoli par la victoire de *Ponte-Nuovo* (1769, 9 mai).

TRIUMVIRAT DE MAUPEOU, TERRAY ET D'AIGUILLON (Deux faits principaux :

1° Misère, augmentée par le Pacte de Famine et la banqueroute de Terray (1770) ;

2° Destruction des parlements (1771).

Destruction des parlements (2). (Fait capital du Triumvirat.)

CAUSE : Ils avaient voulu condamner d'Aiguillon *malgré le roi* pour ses malversations en Bretagne, Maupeou démembra de celui de Paris, les conseils de Blois, de Châlons, de Poitiers, de Lyon, de Clermont, et la France fut divisée judiciairement en vingt-deux conseils, ayant des membres nommés et payés par le roi, et jugeant gratuitement (1744), œuvre utile mais incomprise.

État des esprits à cette époque.

Tendance à *tout examiner* ; *haine* pour les vieilles institutions, surexcitée par les *philosophes* (Voltaire, Rousseau et les encyclopédistes). Montesquieu, et les *économistes* Quesnay, Gournay et Smith, cherchent ou indiquent les moyens de réformer la société et l'État.

Progrès des sciences.

1. Voir n° V.
2. Les philosophes montrent les abus ; Montesquieu et les économistes cherchent un remède.

Il n'est guère marqué *sous Louis XV* que par les travaux
de Réaumur (thermomètre, 1730), de Linné (classifica-
tion naturelle, 1735), de Clairault et d'Alembert, de La-
condamine ; mais sous Louis XVI les sciences font de
grands progrès :

La physique avec Franklin, mort en 1790 (paratonnerre,
1753), Volta (pile, 1794), Galvani (électricité animale,
1791).

L'histoire naturelle avec Buffon (mort en 1788).

Les mathématiques avec Lagrange (m. en 1813), Laplace
(mort en 1827).

La géographie avec Cook (1769), Bougainville (1769), La-
peyrouse (1789).

La chimie est créée par Lavoisier (1789).

QUESTION VIII.

LUTTE DE LA SUÈDE ET DE LA RUSSIE. — CHARLES XII ET
PIERRE LE GRAND.

1697-1718 **Charles XII.** — Né l'année où Pierre le Grand monte
sur le trône (1682) ; héros téméraire.

Il possédait à son avénement presque tout le tour de la
Baltique (Bouches du Wéser, de l'Elbe, de l'Oder).

1682-1725 **Pierre le Grand.** — Ce prince de génie, qui resta
toujours barbare, *créa tout en Russie.*

1° *Armée* disciplinée à l'allemande ;

2° *Marine,* avec des ports à Arkhangel, sur la Baltique et
sur la Caspienne ;

3° *Une capitale,* avec les usages, l'industrie et le costume
européens (Saint-Pétersbourg, 1703) ;

4° *Le pouvoir absolu,* en se faisant chef de l'Église, en
prenant le titre de tzar (César) et en détruisant les
strélitz (1698).

Il ne possédait à son avénement qu'une longue zone entre
Arkhangel et Astrakhan, et ne touchait ni à la mer
Noire (lac turc), ni à la Baltique (lac suédois).

1720-21 **Lutte de la Suède et de la Russie.** — (Deux ligues, 1699 et 1709, entre la Russie, le Danemark et la Pologne contre la Suède).

CAUSE : Profiter de la jeunesse de Charles XII pour lui prendre ses provinces de la Baltique.

LUTTE : Triple alliance entre le roi de Danemark, Auguste, roi de Pologne, et Pierre le Grand (1700).

CHARLES XII marche : 1° contre les *Danois* qui ont attaqué le *Holstein*, et leur impose la paix de Travendal (1700) ; 2° contre les *Russes*, qui assiégent *Narva*, et les bat (1700) ; 3° contre l'*électeur de Saxe*, roi de Pologne, qui assiége *Riga*, le bat sur la *Duna* et le poursuit à travers la Pologne jusqu'en Saxe, où il le force à la paix d'*Alt-Ranstadt* (1707), après avoir fait élire roi de Pologne, à sa place, Stanislas Leczinzki ; 4° il retourne contre les Russes, mais au lieu d'aller directement à Moscou, il se détourne vers l'Ukraine, où Mazeppa, hetman des Kosaques, lui promet cent mille hommes ; Pierre y accourt, et le bat à *Pultava* (1709). Fuite de Charles à *Bender* (Turquie). Pierre marche contre les Turcs, il est battu sur le *Pruth* (1711).

RÉSULTATS DE LA DÉFAITE DE PULTAVA (1709) : La ligue se reforme et enlève toutes les provinces de la Baltique, du Weser et de l'Elbe. La Prusse accède à la ligue.

MORT DE CHARLES XII (1718). Revenu à travers l'Allemagne, il est tué au siége de Frédéricshaal, en Norvége.

1719-21 **Traités de Stockholm et de Nystadt** (1719-21).

AU DANEMARK : Le Sleswig et le droit de laisser à l'Angleterre Brême et Verden, qu'il lui a vendus.

AU DUC DE SAXE : Couronne de Pologne, à l'exclusion de Stanislas.

A LA RUSSIE : Le pays littoral entre Riga et Viborg (Carélie, Ingrie, Esthonie, Livonie).

A LA PRUSSE : Bouches de l'Oder (Usedon, Wollin, Stettin et Poméranie entre Peene et Oder).

QUESTION IX.

CATHERINE II. — PARTAGE DE LA POLOGNE. — GUERRE DE LA RUSSIE CONTRE LA SUÈDE ET LA TURQUIE.

1725-96 Catherine II la Grande. — Allemande dépravée, mais instruite, surnommée la Grande à cause de son administration et de ses conquêtes. Elle prend le littoral de la mer Noire (1).

Son plan : Démembrer la Pologne, la Suède et la Turquie.

I. Partage de la Pologne. — (Trois partages : un avant 89, deux après) (2).

1773 1er Partage (entre Russie, Prusse et Autriche).

Cause : Catherine, d'accord avec Frédéric II, se déclare protectrice des *non-catholiques*, exclus depuis 1733 de la diète et des magistratures. Deux archevêques protestent, elle les fait arrêter à Varsovie et conduire en Sibérie; indignation générale des catholiques.

Lutte : Les Polonais se confédèrent à *Bar* pour chasser les Russes qui inondent la Pologne depuis l'avènement de Poniatowski, amant de Catherine (1768). Les Russes entrent par l'est, les Prussiens par l'ouest, les Autrichiens par le sud, et *les confédérés sont vaincus.*

Les / Aux Russes : le pays à l'est de la Dwina.

Trois parts : A l'Autriche : la Gallicie.

A la Prusse : le pays entre Dantzig et Thorn (non compris ces deux villes).

1793 2e Partage (entre Russie et Prusse) : La Russie seule combat.

Cause : *Liberum veto aboli* et *gouvernement héréditaire constitutionnel* établi. Catherine s'y oppose en envahissant de nouveau la Pologne.

Lutte : Kosciuszko battu par la trahison du roi; nouveau partage.

1. Comme Pierre le Grand a pris celui de la Baltique. (Alexandre prendra le reste en 1808, la Finlande.)
2. Le deuxième, *vingt ans* après le premier.

Les
DEUX PARTS :
{ A LA RUSSIE : le pays entre le Dniéper et
une ligne tirée de *Dunabourg*, sur la
Duna, à *Choczin*, sur le Dniester.
A LA PRUSSE : Dantzig, Thorn et la vallée
de la Wartha (Posen).

1795 3e PARTAGE (entre Russie, Prusse et Autriche).

CAUSE : Kociuszko soulève la Pologne pendant que l'Autriche et la Russie combattent contre la France. — Kociuszko, vainqueur à *Raslavice*, près de Cracovie, est vaincu à *Maciejovice*, près Varsovie, par Souwarow (prise de Varsovie, massacre de Praga).

Les
TROIS PARTS :
{ A LA PRUSSE : le pays entre le Bog et le
Niémen, jusqu'à Grovno.
A L'AUTRICHE : Cracovie, Sandomir et Lublin, jusqu'au Bog.
A LA RUSSIE : le reste.
(A PONIATOWSKI : une pension en Russie).

1789 II. Guerre de la Russie contre la Suède.

CAUSE : Gustave III anéantit le parti russe ou des *Bonnets* (1789); Catherine, qui s'est entendue avec la Prusse pour maintenir l'anarchie en Suède, déclare la guerre.

LUTTE : Défaite navale des Russes à la double bataille de *Svenksund*, près Viborg (1790).

1769-75-92 III. Guerre de la Russie contre la Turquie
(à trois reprises).

CAUSE : Les Turcs prennent la défense des confédérés de Bar à l'instigation de la France (1769).

1re LUTTE : Ils sont battus à *Choczim*, à *Azoff*, à *Ismail*, à *Bender* et sur mer près de *Smyrne*, et ils perdent la *Valachie* et la *Moldavie* (Trève).

TRÈVE.

1773 2e LUTTE (1773) : La Turquie recommence la guerre, fait *lever* le siége de *Silistrie*, mais est défaite à *Kainardji*, en Bulgarie.

PAIX DE KAÏNARDJI : *Iénikalé*, *Kertch*, *Tanganog*, *Azoff*, *rivage entre Bog et Dniéper* cédés à la Russie, avec le protectorat des Moldo-Valaques.

Indépendance des *Tartares* de *Crimée* et du *Kouban*.

1787-92 3ᵉ Lutte.

Cause : Les Russes prennent la Crimée et le Kouban et traitent avec l'Autriche pour partager la Turquie.

Les Autrichiens prennent *Belgrade*, les Russes *Bender* et *Ismail*.

Paix de Sistowa (1792) devant une menace de la Prusse.

Elle donne a l'Autriche : *Orsowa* et un district de Croatie.

Paix d'Iassy (1792).

Elle donne a la Russie : la frontière du *Dniéster, Ot-chakof*, la *Crimée* et le *Kouban*.

QUESTION X.

Puissance maritime et coloniale de l'Angleterre. — Conquête des anglais aux Indes orientales. — Régime colonial.

Puissance maritime et coloniale de l'Angleterre. — (Elle date de trois traités : d'Utrecht (1713), de Paris (1763), de Vienne (1815).

Causes : Insuffisance du pays pour nourrir ses habitants, acte de navigation (1651). Mines de *fer* et de *houille* qui en font la première puissance manufacturière du monde.

Possessions anglaises a l'avénement de Guillaume de Nassau (1688) :

1° En Amérique : Côte des États-Unis, les Bermudes, le Bahama, la Jamaïque, le carré d'Antigoa, Barbade, Saint-Christophe et Montserrat.

2° En Afrique : Sainte-Hélène, la Gambie, la Côte-d'Or.

3° En Asie : Surate, Madras, Bombay, Calcutta (et Bencoulen à Sumatra).

1715-65-1815 Possessions ajoutées par les traités d'Utrecht, de Paris, de Vienne. — Les Anglais nous ont dépouillés de nos colonies à ces trois traités (1).

(1) Remarquez les dates des trois traités d'Utrecht, de Paris et de Vienne, 1715, 1765 et 1815 (1814), de cinquante ans en cinquante ans.

Voir numéros V-XV.

Conquêtes des Anglais aux Indes orientales.
— Clive (1757-72) nous fait perdre les deux cents
lieues de côtes conquises par Dupleix au sud de l'embouchure du Kisnah, et s'empare, à divers titres, de
tous les pays situés le long du golfe de Bengale,
le long du Gange (*Carnatic, Circars, Orissa, Bengale,
Bahar, Oude*). Avant 1800 s'y joindra le royaume de
Mysore (toute la partie au sud de la Kisnah, entre les
deux côtes).

Régime colonial. *Partout représentatif* et ainsi consti-
tué : 1° Assemblée législative élue par les colons ;
2° Gouverneur et fonctionnaires (pouvoir exécutif) nommés *ici* par le *roi*, *là* par les *seuls* propriétaires, *ailleurs*
par *tous* les colons.
3° Égalité civile (pas de privilégiés), liberté de *croyance,*
liberté de *commerce* avec toutes les nations.
N. B. *Les colonies n'envoient pas de représentants au Parlement de Londres.*

QUESTION XI.

PROGRÈS ET SOULÈVEMENT DES COLONIES D'AMÉRIQUE. —
GUERRE DE L'INDÉPENDANCE DES ÉTATS-UNIS. — TRAITÉ
DE VERSAILLES.

Progrès des colonies d'Amérique :

En 1606, deux *compagnies*, dites de Londres et de Plymouth, obtiennent de coloniser chacune six degrés au
nord et au sud du 40° parallèle ; elles fondent *James-
town* et *Plymouth*. Tous les persécutés pour religion :
Puritains, Catholiques, Quakers s'y établirent plus
tard. Ils formaient, en 1774, une confédération de
treize États, qui n'étaient pas *représentés au parlement
anglais.*

Soulèvement des colonies d'Amérique :

CAUSES : Impôts du timbre (1764), puis du thé (1767).
Refus de les accepter, en vertu du principe anglais,

que nul ne peut être imposé sans son consentement. Boston jette à la mer une cargaison de thé (1773) et commence l'insurrection. Congrès de Philadelphie (1776), qui proclame l'indépendance des divers États.

1776-85 Guerre de l'indépendance des États-Unis. —
LUTTE CONTINENTALE ET MARITIME (sur six points, trois sur terre, trois sur mer).

CONTINENT.

1° LITTORAL NORD : *Boston* bloquée puis délivrée par Washington (1776), *New-York* et *Philadelphie,* prises par l'Anglais Howe (1777).

2° LITTORAL SUD : Les Anglais ont pris la *Géorgie* et *Charlestown* (1780), mais Washington et La Fayette leur enlèvent *Yorktown* (1781).

3° LE LONG DU SAINT-LAURENT : *Montréal* prise, échec sur *Québec,* mais capitulation de l'Anglais Burgowine, cerné à *Saratoga* (1778), ce qui décide la France à entrer en lice.

MER.

1° EN EUROPE : Bataille d'*Ouessant* (1778), par d'Orvilliers. Essai de descente en Angleterre, contrarié par une tempête (1779). Siége inutile de Gibraltar (1779-82).

2° EN ASIE : Perte de Pondichéry (1778). Quatre victoires de Suffren, qui s'est entendu avec le sultan de Mysore pour expulser les Anglais (1782).

3° EN AMÉRIQUE : D'Estaing délivre *Philadelphie,* prend la *Grenade,* échoue sur Sainte-Lucie, qui nous a été enlevée. — Guichen trois fois battu par Rodney. — De Grasse battu aux Saintes par le même Rodney (1782).

Traité de Versailles :

AUX ÉTATS-UNIS : Leur indépendance reconnue.

A LA FRANCE : Colonies rendues (Sénégal, Tabago, Sainte-Lucie) (1).

1. Les Anglais possédaient ces trois colonies depuis la paix de Paris (1763).

A l'Espagne : Minorque.

Aux Anglais : Negapatam (Inde) enlevé aux Hollandais.

QUESTION XII.

Louis XVI. — Turgot et Malesherbes. — Necker. — Assemblée des notables. — Convocation des États-Généraux.

1774-76 Louis XVI. — Prince faible, voulant plaire à tout le monde. Il fut gouverné tour à tour par Maurepas ou par la Reine.

1774-95 Turgot (ministre des finances). (« Point de banqueroute, point d'augmentation d'impôt, point d'emprunt, mais réduction de la dépense au-dessous de la recette. »)

Son plan : 1° *Impôt* territorial portant *sur tous* et réparti, d'après un *cadastre,* par des municipalités de commune, d'arrondissement, de province, et plus tard de nation. Ces conseils devaient aussi statuer sur les affaires d'intérêt communal, provincial, etc. (1).

2° Plus de corvées pour les routes, mais à la place une redevance pécuniaire.

3° Liberté de conscience, de commerce entre les provinces, de travail et de vente.

Pourquoi il échoue. — Parce qu'il ameute tous les intéressés : clergé, nobles, parlements, possesseurs de maîtrises, et même le peuple, auquel on a fait croire que la cherté du blé est due au système nouveau.

1774-76 Malesherbes (ministre de la maison du roi). Il ne peut ni réduire le luxe royal, ni abolir les lettres de cachet et de surséance, mais il soutient Turgot.

1776 Necker, ministre des finances. (Dépenser autant que l'on reçoit, emprunter pour l'imprévu.)

Son plan : 1° *Égaler* les dépenses aux recettes, *emprunter*

---

1. Les impôts directs étaient précédemment assis et perçus par des paysans désignés et responsables. Les impôts *indirects* affermés.

pour les circonstances exceptionnelles. 2° *Assemblées provinciales*, pour répartir l'impôt. 3° *Économiser* pour payer les intérêts des emprunts. 4° *Compte rendu public* tous les ans. C'est ce compte qui fait tomber Necker.

1785-87 **Assemblée des notables** (1). (*Députés* des trois ordres, choisis par le roi, et *non élus* comme pour les États-Généraux.)

CALONNE, dont tout le système avait consisté à *dépenser beaucoup pour paraître riche et trouver à emprunter*, demanda une assemblée de *notables* quand il eut perdu toute confiance, et lui proposa : 1° impôt général; 2° assemblée pour le répartir; 3° liberté de commerce des grains, etc. Il fut déposé (1787).

BRIENNE, nommé à sa place, ne peut rien obtenir des Notables, qui se séparent. Il recourt à un nouveau système : *Faire enregistrer trois édits bursaux par le Parlement, même de force :* 1° Édit *sur les assemblées provinciales* (enregistré sans résistance); 2° édit *sur l'impôt du timbre* et une subvention territoriale (enregistré grâce à un *lit de justice*). Le Parlement proteste le lendemain. Il est exilé à Troyes, puis rappelé. 3° Édit *pour un emprunt de quatre cents millions* (reçu avec des clameurs dans le Parlement, qui demande des États-Généraux, 1787). Arrestation de quatre membres du Parlement. Il est réduit à la justice, et remplacé *en politique* par la *cour* dite *plénière*; quarante-sept *bailliages* sont érigés pour juger les procès de moins de 20,000 livres.

Convocation des États-Généraux. — Necker rappelé au ministère (août 1788) déclare qu'il ne voit plus de salut que dans les États-Généraux. Il obtient que le *tiers* y enverra des députés en nombre égal à ceux des deux autres ordres réunis, et que les États seront convoqués pour le 1er mai 1789.

1. Remarquez que les Notables étaient *choisis* par le roi.

QUESTION XIII.

SITUATION POLITIQUE DE L'EUROPE EN 1789 (1).

France (Travaillée par les idées de réforme générale).

32 gouvernements militaires ou provinces (2), 32 intendances pour l'administration ;

32 généralités pour les finances, 12 parlements pour la justice, 18 archevêchés et 113 évêchés.

DE PLUS QUE MAINTENANT (frontière de la mer au Rhin) : Bouillon, Marienbourg et Philippeville, Sarrebruck et Sarrelouis, Landau qui fermaient la France.

DE MOINS QUE MAINTENANT : Mulhouse (libre), Montbelliard (au Wurtemberg), Avignon (au pape), Savoie et Nice (au Piémont).

COLONIES :
- ASIE : Nos cinq comptoirs de l'Inde : Mahé, Karikal, Pondichéry, Yanaon et Chandernagor.
- AFRIQUE : *Seychelles*, *Maurice*, Bourbon (Réunion), Gorée, Sénégal, La Calle et Bone.
- AMÉRIQUE : Partie occidentale de *Saint-Domingue*, *Tabago*, *Sainte-Lucie*, Martinique, Guadeloupe, les Saintes, Marie-Galante, la Désirade, Saint-Pierre et Miquelon, la Guyane française.

Grande-Bretagne (unité et force à l'intérieur) : Iles Britanniques.

COLONIES :
- EUROPE : Iles Normandes, Hanovre, Gibraltar.
- ASIE (Inde) : Bords du golfe de Bengale et du Gange, de Tranquebar à Bénarès (y comprises).
- AFRIQUE : Sainte-Hélène, Ascension, Cap-Corse et Sierra-Leone en Guinée, Gambie.

(1) Pour avoir la géographie de l'Europe en 1648 et en 1715, rétablissez les changements que vous avez vu faire depuis ces dates jusqu'en 1789.

(2) Voir dans l'Atlas Drioux et Leroy, *France en 32 gouvernements* que l'on peut classer en : 1º Provinces maritimes; 2º Provinces situées sur les quatre grands fleuves.

Colonies : { Amérique : Nouvelle-Bretagne et îles du golfe Saint-Laurent, Bermudes, Lucayes, Jamaïque, une dizaine de petites Antilles (Dominique, Antigoa, Barboude, Saint-Christophe, Montserrat (1), etc.), Balise, Malouines.
Océanie : Sydney (1787).

Autriche. (Joseph II venait d'abolir les droits féodaux et de centraliser l'administration des provinces auparavant autonomes). Le domaine héréditaire comprenait :

De plus que maintenant : Belgique, Milanais et Mantoue ; le sud du grand-duché de Bade.

De moins que maintenant : Pays de Cracovie (entre Vistule et San), Dalmatie (à Venise).

N. B. Un prince autrichien était toujours empereur de l'Allemagne divisée en *dix cercles* (2).

Prusse. (Fortement organisée par Frédéric.)

1° Au dela de l'Elbe : Ses possessions actuelles, excepté Dantzig, Thorn et le grand-duché de Posen. (Littoral entre Peene et Niemen.)

2° En deça de l'Elbe : Les jalons de Magdebourg (sur Elbe), de Minden (sur Weser), de Clèves et de Gueldre (entre Meuse et Rhin).

Russie : Toutes les contrées entre Caspienne, Caucase, Mer Noire, Dniéper, Dwina du Sud, Baltique, Finlande (à la Suède), et Mer Glaciale avec *Sibérie* et Amérique Russe.

Italie. Améliorations opérées à Naples, en Toscane et à Parme par Tanucci, Pierre Léopold et Dutillot, réveil général. Elle est soumise à dix dominations principales :

1° Milan et Mantoue *à l'Autriche* ; 2° Parme ; 3° Modène ; 4° Royaume de Sardaigne . île de Sardaigne, Savoie, Nice et Piémont jusqu'au Tessin ; 5° Toscane ; 6°, 7°, 8° Ré-

(1) N. B. La *Guadeloupe* est prise entre la Dominique et un carré formé par Antigoa, Barboude, Saint-Christophe, Montserrat (A. B. C. M.).
(2) *Voir Atlas Drioux et Leroy* : Allemagne divisée en cercles.

publiques de Venise, Gênes, Lucques; 9° États de l'Église du Pô au Garigliano avec Bénévent et Comtat-Venaissin; 10° Deux-Siciles avec Malte et Présides de Toscane.

Espagne. (Charles III a doublé son revenu et sa flotte) : limites actuelles.

Colonies :
- Afrique : Oran, Ceuta, Canaries, Fernando-Po et Annobon.
- Amérique : Floride, Louisiane, Cuba, partie orientale de Saint-Domingue, Porto-Rico et toute l'Amérique *entre le Missouri et la Patagonie*, excepté le Brésil.
- Océanie : Philippines et Mariannes.

Portugal. (Régénéré par Pombal, puis retombé dans la dépendance de l'Angleterre.) Limites actuelles en Europe.

Colonies :
- Asie : Goa, Diu et Macao.
- Afrique : Mozambique, Congo, îles Saint-Thomas, du Prince, du Cap-Vert, Madère et Açores.
- Amérique : Brésil.

Turquie. Étendue actuelle, *plus* le royaume de Grèce et l'Algérie.

Pologne. Avant le partage de 1773 (1) elle comprenait la vallée de la Wartha et de la Netze jusqu'à leur confluent, tout le bassin de la Vistule avec le golfe de Dantzig et *dépassait* à l'Est et au Nord le haut Dniéper et la haute Dwina.

Suède. Suède et Finlande, îles d'Aland, d'OEland, de Gothland et Stralsund.

Danemark. Comme aujourd'hui, *plus* le Holstein, le Sleswig, la Norwége, la Laponie, les Feroë, l'Islande, le Groënland et trois Antilles : Saint-Jean, Sainte-Croix et Saint-Thomas.

Hollande. (Stathoudérat militaire limité par un parti républicain.)

(1) Voir Question IX.

Colonies :
- Asie : Cochin, Madras et Ceylan (Inde), Malacca, Nangasaki (Japon).
- Afrique : Cap de Bonne-Espérance et Côte-d'Or (Guinée).
- Amérique : Saint-Eustache, Guyane (anglaise et hollandaise).
- Océanie : Iles de la Sonde et Moluques (1).

Suisse. Treize cantons (2) : Uri, Schwitz, Unterwald, Lucerne, Zug, Glaris, Fribourg, Soleure, Bade, Schaffouse et Appenzel.

LA RÉVOLUTION ET L'EUROPE.

QUESTION XIV.

ASSEMBLÉES CONSTITUANTE ET LÉGISLATIVE. — RÉUNION DES TROIS ORDRES. — PRISE DE LA BASTILLE. — JOURNÉES DES 5 ET 6 OCTOBRE. — CONSTITUTION DE 1791. — DÉCLARATION DE GUERRE A L'AUTRICHE. — JOURNÉE DU 10 AOUT. — MASSACRES DE SEPTEMBRE.

La Constituante fait les réformes, la Législative les soutient.

1789-91 **Assemblée constituante.** Nom que prirent, le 17 juin,
mai à sept. les États-Généraux réunis à Versailles le 5 mai (1118 députés, dont 557 du Tiers. Vote par tête). Outre l'abolition des priviléges dans *la nuit du 4 août, trois faits* principaux marquent le séjour des députés à Versailles (mai à octobre) : Elle fit 2500 lois ou décrets.

27 Juin. 1° **Réunion des trois ordres.** Elle fut conseillée par le roi. Le Tiers avait déclaré *illégale* toute mesure non votée par tête et par les trois ordres confondus dans *une seule assemblée.* Il allait commencer *seul* les délibérations quand le clergé et la noblesse vinrent se réunir à lui (27 juin). Ce fut la fusion des *trois sociétés* de l'ancien régime *en une seule.*

11 Juillet. 2° **Prise de la Bastille.** Le renvoi de Necker et le refus d'éloigner les troupes appelées à Versailles et à Paris,

(1) Voir notre Géographie et Atlas Drioux et Leroy.
(2) 22 aujourd'hui.

excitent le peuple. Il prend et détruit la Bastille, forteresse considérée comme un obstacle à son indépendance (14 juillet).

Octobre. 3° Journées des 5 et 6 octobre : Le *régiment de Flandre* arrive à Versailles ; les officiers font un *banquet*, foulent aux pieds la cocarde tricolore et menacent les novateurs. A cette nouvelle, une foule *affamée* court à Versailles et ramène à Paris la reine et le roi. La Constituante y vient à leur suite et commence les réformes suivantes au nombre de *six* :

1° Réformes administratives : France divisée en quatre-vingt-trois *départements*, subdivisée en *districts*, en *cantons* et en *communes* (quatre échelons administratifs).

2° Réformes judiciaires : *Juge de paix* au canton, *tribunal criminel* (1) au district, *cour d'assises* au département, avec jury, *cour de cassation* à Paris (2). Juges électifs.

3° Réformes ecclésiastiques : Un *évêque* par département, *élection* des prêtres sans confirmation par le Pape, serment à l'État *seulement* (3). Liberté des cultes, d'où mariage civil.

4° Réformes financières : Pour *liquider le passé* : assignats hypothéqués sur les biens du clergé ; pour *assurer le présent et l'avenir* : contribution mobilière et foncière (Plus d'impôts indirects, excepté le timbre et les hypothèques.)

5° Réformes commerciales et industrielles : Plus de monopoles ni de maîtrises ; il suffit d'avoir une *patente*. *Brevet* pour encourager les inventions.

6° **Constitution de 91**. Réformes politiques : *Assemblée unique* et permanente ; *veto suspensif au roi*, pour quatre ans ; *pas de veto* pour les questions de finance ; *suffrage* à deux degrés (vingt-cinq ans, et trois journées d'impôts, pour être électeur et éligible).

1791-92 **Législative** (Sept cent quarante-cinq députés ; Feuillants ou Constitutionnels, et Girondins, c'est-à-dire Républicains modérés en majorité, ayant Vergniaud pour orateur.) Son rôle se borne à lutter contre les en-

1er Juin au
21 Sept.

1. Non civil. C'est le consulat qui le rendra *civil et criminel*.
2. Pas de cour d'appel ; on appelle d'un département à l'autre.
3. Tout *lien* étant *rompu avec Rome*, c'était un *schisme*.

nemis de la révolution (émigrés, clergé, étranger). La législative porta 2000 lois ou décrets.

Oct. 1791 — **1°** *Contre les émigrés* : S'ils ne rentrent sous deux mois et ne cessent leurs rassemblements, leurs biens seront saisis. (Décret du 14 octobre.)

Novembre. — **2°** *Contre les prêtres insermentés* : S'ils ne cessent de troubler les campagnes et ne prêtent serment, plus de pension et emprisonnement. (Décret du 29 novembre.)

3° Déclaration de guerre à l'Autriche : L'Autriche, sommée de retirer ses troupes de la frontière *belge,* refuse; on lui déclare la guerre (21 avril 1792).

Août 1792 — **Journée du 10 août 1792.** (La multitude dirigée par les clubs s'empare du pouvoir.) Le Prussien Brunswick menace dans son *manifeste* de détruire Paris, au cas d'une nouvelle violation des Tuileries, on lui répond le *dix août* en chassant le roi de ce palais dans l'assemblée.

Sept. 1792 — **Massacres de septembre 1792.** Brunswick tenant la promesse de son Manifeste marche sur Paris, prend Longwy et de Verdun (1); de là massacre de 1500 prêtres et nobles dans les prisons de Paris, à l'instigation de Marat (2, 3, 4, 5 et 6 septembre).

QUESTION XV.

CONVENTION NATIONALE. — PROCÈS ET MORT DE LOUIS XVI. — LA TERREUR. — JOURNÉE DU 9 THERMIDOR. — CAMPAGNE DE 1793-94. — LE 13 VENDÉMIAIRE.

1792-1795
du 20 Sept.
au 26 oct. — **Convention nationale** (Sept cent cinquante députés : Gironde, Montagne et Plaine). Elle a sauvé la France d'un démembrement ou d'une réaction absolutiste. Elle rendit 8000 lois ou décrets.

QUATRE FAITS PRINCIPAUX AVANT LA MORT DE LOUIS XVI : 1° Victoire de Valmy (20 septembre) qui force les Prussiens à sortir de France; 2° République proclamée (21 septembre); 3° Victoire de Jemmapes, qui nous livre la Belgique une première fois (6 novembre); 4° Prise de la Savoie et de Mayence (octobre et novembre).

1. Chaque succès de l'ennemi a sa vengeance à Paris. Que l'élève se porte donc de Paris à la frontière et réciproquement.

2.

1792-93 Procès et Mort de Louis XVI. (Le procès dure du 11 décembre au 17 janvier.)

Le roi, défendu par de Sèze, est condamné à mort par quatre cent vingt-huit voix contre deux cent quatre-vingt-six (17 janvier 1793) et décapité le 21 janvier.

RÉSULTAT : La première des *sept* coalitions contre la République et l'Empire, et des soulèvements intérieurs.

La Terreur. On appelle ainsi le régime établi pour lutter contre les ennemis intérieurs et extérieurs soulevés par la mort de Louis XVI. Elle se termine à la chute de Robespierre.

TROIS MOYENS D'ACTION : *Comité de salut public* (neuf membres, 6 avril) pour gouverner avec un pouvoir dictatorial, nommer et surveiller les fonctionnaires ; 2° *Comité de sûreté générale*, pour chercher et traduire les suspects devant le tribunal révolutionnaire (1) ; 3° *Tribunal révolutionnaire* à Paris (10 mars), et cent quarante en province, pour juger, *sans appel*, même *les députés* de la Convention, qui ont renoncé à leur inviolabilité. On condamne successivement les Girondins, les Dantonistes, les Hébertistes, puis Robespierre, qui voulait rester *seul* maître. (Victimes dans tous les rangs et de tous les partis : 2669 à Paris seulement.)

1794 Journée du 9 thermidor (27 juillet 1794) (2).

Elle finit la Terreur par le supplice de Robespierre, Couthon, Lebas, Saint-Just, qui sont cernés par Barras, chef de l'armée de la Convention.

1795 Le 13 vendémiaire (14 octobre 1795). Les royalistes marchent contre la Convention *à cause d'un décret* portant que les deux tiers de la Convention entreraient dans les chambres nouvelles, ce qui frustrait les royalistes dans leur espérance d'y avoir la majorité. Barras et Bonaparte les écrasent à Saint-Roch.

1. Ce comité était la *Police* du précédent.
2. Remarquez les quatre journées suivantes (deux sous la Convention, deux sous le Directoire) : 9 thermidor (27 juillet 1794). Robespierre renversé.

13 vendémiaire (14 octobre 1795). Les royalistes attaquent la Convention.

18 fructidor (4 septembre 1798). Augereau arrête les royalistes du Directoire.

18 brumaire (9 novembre 1799). Bonaparte renverse le Directoire.

Campagne de 93 et 94. Victoires de *Hondschoote*
sur les Anglais et de *Wattignies* sur les Autrichiens en
1793 ; bataille navale d'*Ouessant* ; passage du *Rhin* et
des *Pyrénées* en 1794. Voir plus bas 1re coalition.

CAMPAGNES INTÉRIEURES : 1° L'armée girondine du Calva-
dos battue à *Vernon* ; *Lyon* repris ; 2° *Toulon* repris ;
3° les *Vendéens*, maîtres de Chemillé, Cholet, Saumur,
battent quatre armées, parties en même temps de Nantes, des Sables et de Niort (à Torfou, Montaigu, etc.) ;
mais ils sont battus *cinq fois*, perdent d'Elbée, Les-
cure, Bonchamps ; passent la Loire à Varades, vont se
faire battre jusqu'à *Granville* et, au retour, à *Savenay*
(1793-94).

QUESTION XVI.

DIRECTOIRE. — CAMPAGNE DE BONAPARTE EN ITALIE. — TRAITÉ
DE CAMPO-FORMIO. — EXPÉDITION D'ÉGYPTE. — RETOUR DE
BONAPARTE. — 18 BRUMAIRE. — CONSTITUTION DE L'AN VIII.

1795-99 **Directoire** (1° Cinq directeurs, 2° le conseil des Cinq-
Cents pour proposer les lois, 3° le conseil des Anciens
pour les voter).

SITUATION DIFFICILE : *Au dedans*, pas d'argent, guerre civile et conspirations (18 fructidor, Babeuf) ; *au dehors*,
l'Europe à combattre *deux fois*.

1796-97 **Campagne de Bonaparte en Italie** (Fin de la première coalition).

PREMIÈRE COALITION (1793-1797).

CAUSE : L'exécution de Louis XVI (21 janvier 1793).

LUTTE aux frontières, en Allemagne, en Italie et en mer.

Campagne d'Italie.

1° Aux
PYRÉNÉES
(2 armées) :
DUGOMMIER (Pyrénées orientales) ouvre
l'Espagne par la prise du camp de *Boulou*
(94), de *Bellegarde* (95), et par la victoire
de *Monga* où il meurt (95). Prise de *Fi-
guières* (95).

MONCEY (Pyrénées occidentales) prend *Gui-
puzcoa* (95).

2° EN MER :
{ Navires de commerce et colonies enlevées (nous n'avons que des conscrits pour marins)[1].

Villaret-Joyeuse battu à *Ouessant* (affaire du *Vengeur*, 1794).

3° ENTRE MER ET RHIN (4 armées) :
{ Houchard bat à *Hondschoote* les Anglais, qui assiégeaient Dunkerque (93).

Jourdan bat à *Wattignies* (93) les Autrichiens qui prenaient la vallée de l'Escaut, puis à *Fleurus* (94), à la *Roer*, et occupe une seconde fois la *Belgique* (94).

Hoche (le long de la Sarre) chasse les *Prussiens* jusqu'au Rhin, et se jette par les Vosges sur le flanc des Autrichiens, que Pichegru attaque de front.

Pichegru contient les Autrichiens sur la Lauter (93), puis à la tête de l'armée de Houchard il occupe la *Hollande* (*Amsterdam*, le *Texel*), 1795.

4° AUX ALPES ET EN ITALIE :
{ Dumerbion, malgré sa défaite à *Saorgio*, près Nice (93), enlève le camp des Piémontais et le col de Tende.

Bonaparte s'étant concerté avec Moreau et Jourdan pour marcher sur Vienne, remporte 67 victoires dans une course de vingt lieues ; il bat les *Austro-Piémontais* à Montenote, Millesimo, Dego ; les *Piémontais seuls* à Mondovi ; les *Autrichiens seuls* (Beaulieu, Wurmser, Alvinzi, archiduc Charles) à Lodi, Lonato, Castiglione, Roveredo, Arcole, Rivoli, Newmark, etc. (1796-97.)

Cependant Jourdan, parti par le Mein, est battu à *Wurtzbourg* et recule, ce qui contraint à la *retraite* Moreau parti par le Necker et menacé par l'armée qui a vaincu Jourdan.

---

1. Tous les noms de victoires remportées en Italie par Bonaparte, autres que *la Chiusella, Montebello* et *Marengo,* se rattachent à cette campagne d'Italie.

1797 **Traité de Campo-Formio.**

A la France : Frontière du Rhin, îles Ioniennes.

A l'Autriche : Frioul, Istrie, Dalmatie, enlevées à Venise, en échange de Milan, qui forme avec Mantoue, Modène, Reggio, Ferrare et Bologne la République Cisalpine.

1798-99
Mai à Août
Expédition d'Égypte. (Des Savants font partie de l'expédition.)

Cause : Bonaparte veut augmenter sa popularité, et atteindre les Anglais dans l'Inde.

Lutte : Prise de *Malte* (12 juin 98); débarquement près d'*Alexandrie* (1er juillet) et prise de cette ville ; marche sur le *Caire*, bataille des *Pyramides* (26 juillet 1798); défaite navale d'*Aboukir* (1er août 98). Les Turcs venant au secours de l'Égypte, Bonaparte court au-devant d'eux en Syrie, prend *Gaza, Jaffa,* et les bat au *Mont Thabor* (16 avril 99), échoue au siége de *Saint-Jean-d'Acre*, défendu par les Anglais. Apprenant que des troupes turques se dirigent par mer sur l'Égypte, il y rentre, et les bat à *Aboukir* (24 juillet 99) (1).

1799 **Retour de Bonaparte. — Journée du 18 brumaire** (9 novembre 1799) (2).

A la nouvelle qu'une deuxième coalition nous a repris l'Italie, Bonaparte laisse Kléber en Égypte et arrive à Fréjus (8 octobre 99). Voyant le mépris général où était tombé le Directoire et sûr de l'armée et du peuple, de trois directeurs, de la majorité des conseils, il dissout violemment le conseil des Anciens (18 brumaire), et publie la constitution de l'an VIII.

1799 **Constitution de l'an VIII** (1799). Elle établit *six corps* d'État :

1° Trois consuls, dont le premier a seul le pouvoir exécutif et la nomination des fonctionnaires *départementaux et au-dessous*.

2° Un conseil d'État, choisi par le premier consul, *rédige* les projets de lois.

1. Remarquez que la deuxième bataille d'Aboukir a lieu un an moins deux jours après celle des Pyramides.
2. Ajoutez 1 jusqu'à 1800 pour avoir le millésime habituel : ainsi en ajoutant 1 au chiffre 8 de l'an VIII, vous avez 9 (1799).

3° Un tribunat *discute* les lois.

4° Un corps législatif, sorte de jury, *accepte* ou *rejette* les lois discutées devant lui.

5° Un sénat *veille* à la conservation de *la constitution* et nomme les autres chambres, la cour de Cassation et les consuls.

6° Le corps électoral établit trois listes : *liste communale* avec le dixième des électeurs; *liste départementale* formée du dixième de la *liste communale*; *liste nationale*, du dixième de la *liste départementale*. Le sénat choisit le tribunat et le corps législatif sur la liste nationale (1), le premier consul les fonctionnaires sur les autres listes.

QUESTION XVII.

CONSULAT. — MARENGO. — PAIX DE LUNÉVILLE ET D'AMIENS. — CONSULAT A VIE.

1799-1804 **Consulat** (2) (du 15 décembre 1799 au 9 mai 1804). Véritable monarchie constitutionnelle où il ne manque au premier consul que le titre de roi et l'hérédité. Le Consulat fut signalé, *à l'extérieur*, par la fin de la deuxième coalition, la perte de l'Égypte (1801) et de Saint-Domingue (1802); *à l'intérieur* par une réorganisation générale et des conspirations. (Arena, machine infernale, Cadoudal.)

1800 **Marengo** ou **deuxième coalition** (1799 à 1802, mars à mars).

La victoire de Marengo (14 juin) est le fait capital de la deuxième coalition, formée sous le Directoire.

Causes : 1° Le Directoire s'entoure d'une ceinture de républiques (Batave, Ligurienne, Romaine, Parthénopéenne); 2° absence de Bonaparte; 3° désir des Russes (qui ont fini de démembrer la Pologne) d'entrer en lice avec nous.

Lutte (sur cinq points, contre Anglais, Russes, Allemands, Autrichiens, etc.).

1. Le député devait donc être choisi quatre fois : 1° par la *masse*; 2° par ses collègues de la liste communale ; 3° par ses collègues de la liste départementale ; 4° par le Sénat (donc élection à quatre degrés).

2. Un mot résume l'œuvre intérieure du consulat : Centralisation générale.

1° Hollande : Brune bat les Anglo-Russes à *Bergen* (septembre 1799).

2°
Allemagne : { Jourdan, battu à *Stokach* (Bade), est rejeté sur le Rhin par l'archiduc Charles (mars 1799). Moreau marche sur Vienne par le Danube, de concert avec Bonaparte qui y va par l'Italie ; il est vainqueur à *Hohenlinden* (2 décembre 1800).

3° Suisse : Masséna bat les Russes à *Zurich* (septembre 1799) dans une *triple* affaire.

4° Italie . {
Schérer, Moreau, Macdonald, Joubert, { Battus par Souwaroff qui ne nous laisse que *Gênes* et *Nice* (1799), à *Magnano*, à la *Trébia*, etc.
Lannes, accompagne Bonaparte à la deuxième campagne d'Italie, et bat l'Autrichien Ott à *Montebello* (9 juin 1800) (1).
Bonaparte, pendant que Moreau marche par la vallée du Danube, passe le Saint-Bernard, entre à Milan, puis bat Mélas à *Marengo* (14 juin 1800).

5° En mer. {
Les Anglais bombardent *Copenhague* (1801) pour châtier la ligue des Neutres ; ils bloquent *Malte*, débarquent à Aboukir, et battent, à *Canope* (1801), Menou, successeur de Kléber, assassiné ; mais ils sont défaits à *Algésiras* par Linois (1801).
Les Dominicains à Saint-Domingue secouent le joug malgré l'expédition du général Leclerc (1802).

1801-1802

Paix de Lunéville et d'Amiens :

L'Autriche reconnaît à Lunéville notre frontière du Rhin et les républiques Batave, Helvétique, Ligurienne et Cisalpine.

L'Angleterre, par la paix d'Amiens, s'engage à rendre Malte aux chevaliers, le Cap aux Hollandais, et nos colonies.

1802

(1) Ott venait de faire le siège de Gênes, où la famine (le pain coûtait 30 fr. la livre) avait réduit Masséna à capituler (4 juin).

Consulat à vie (2 août 1802).

Bonaparte, devenu encore plus cher au peuple après les complots d'Aréna (octobre 1800), et l'explosion de la machine infernale (décembre 1800), fut nommé consul à vie par trois millions de suffrages (2 août 1802).

NAPOLÉON ET SON TEMPS (1804-1815).

QUESTION XVIII.

EMPIRE. — CAMPAGNE D'AUSTERLITZ. — TRAFALGAR. — PAIX DE PRESBOURG. — CAMPAGNE DE PRUSSE; IÉNA, FRIEDLAND. — PAIX DE TILSITT. — BLOCUS CONTINENTAL. — COMMENCEMENT DE LA GUERRE D'ESPAGNE. — WAGRAM.

1804-15 **Empire :** Il fut proclamé le 18 mai 1804, pour répondre à l'attentat de Cadoudal et à la rupture du traité d'Amiens par l'Angleterre.

CONSTITUTION ratifiée par trois millions et demi de suffrages. On avait ajouté à celle de l'an VIII : 1° l'*hérédité de mâle en mâle* dans les familles de Napoléon, de Joseph et de Louis ; 2° fixé *la liste civile à vingt-cinq millions* pour l'Empereur, et à un million pour les princes ; 3° créé de *grands dignitaires* civils, religieux et militaires (six grands dignitaires, de grands-officiers, grand-aumônier, gouverneur du palais, grand-veneur, grand-maître des cérémonies, et, en 1808, une nouvelle noblesse). Napoléon sacré le 2 décembre 1804, et roi d'Italie le 26 mars 1805.

1805 **Campagne d'Austerlitz** (3° COALITION).

CAUSE : L'Angleterre, craignant la descente projetée sur son territoire, se coalise avec la Russie et l'Autriche, mécontentes des titres d'empereur et surtout de *roi d'Italie* donnés à Napoléon.

LUTTE (sur deux théâtres : vallée du Danube et mer) :

1° SUR LE DANUBE : Napoléon prend *Mack dans Ulm* (19 octobre), marche sur Vienne avec *Masséna,* venu par l'Italie, et bat les Austro-Russes à *Austerlitz,* en Moravie (2 décembre 1805).

2° En mer : Villeneuve, au lieu de venir protéger la descente en Angleterre de la flottille de Boulogne, se laisse enfermer à *Cadix* et battre à *Trafalgar* (28 octobre 1805).

Paix de Presbourg (26 décembre) : Elle *détruit l'empire d'Allemagne* fondé par Otton-le-Grand et isole l'Autriche.

A la France : Vénétie, Italie, Dalmatie.
Bade déclaré *grand-duché* indépendant.
Bavière, *royaume*, avec annexion du Tyrol.
Wurtemberg, *royaume*, avec annexion de la Souabe autrichienne. (Confédération du Rhin peu après.)

Campagne de Prusse, Iéna, Friedland (4ᵉ coalition).

Causes : Napoléon semble entraver la formation d'une *confédération du Nord* qu'il avait autorisée au profit de la Prusse, derrière celle du Rhin ; on dit que pour y soustraire le Hanovre, il va le rendre à l'Angleterre.

1° Prusse occidentale : Napoléon, vainqueur à *Iéna* et à *Awerstœd* (14 octobre 1806), entre à *Berlin*.

2° Prusse orientale : Napoléon court au-devant des Russes et les bat à *Eylau* (février 1807), à *Friedland* (14 juin 1807).

1807 **Paix de Tilsitt** (8 juillet) : Prusse démembrée, comme l'empire à Presbourg :

1° A Jérôme et au roi de Saxe : les provinces de la Prusse au sud de l'Elbe et ses provinces polonaises.

2° Dantzig, ville libre. — 3° Adhésion de la Prusse et de la Russie au blocus continental.

21 nov. 1806 **Blocus continental :** Proclamé à Berlin, il fermait toute l'Europe aux Anglais. Stralsund enlevé aux Suédois, qui ne veulent pas adhérer au blocus ; Portugal occupé par Junot pour le même motif (novembre 1807). — Il est la cause de la plupart des guerres suivantes.

1808-9 **Commencement de la guerre d'Espagne** (1808).
Cause : Expulsion de Joseph, proclamé roi d'Espagne après l'abdication de Charles IV et de Ferdinand son

fils ; capitulation de Dupont à Baylen (20 juillet 1808). Napoléon va rétablir son frère et chasser les Anglais qui ont délivré le Portugal en faisant capituler Junot à *Cintra* (30 août 1808), et qui se sont joints aux Espagnols.

LUTTE (sur trois points, au Centre, à l'Est et à l'Ouest) :

1° AU CENTRE : Napoléon, vainqueur à *Burgos* et à *Somo-Sierra*, entre à *Madrid* (4 déc. 1808).

2° A L'EST : Gouvion-Saint-Cyr prend la Catalogne et bat les Espagnols à *Cardedeu* et à *Molins-del-Rey*.

3° A L'OUEST : Soult chasse les Anglais jusqu'à la Corogne où ils s'embarquent (1).

1809 **Wagram** (5ᵉ COALITION).

CAUSE : Pour profiter de l'éloignement de Napoléon, les Autrichiens envahissent la Bavière.

LUTTE (sur le Danube) (2) :

NAPOLÉON chasse les Autrichiens de Bavière par les trois victoires d'*Eckmuhl*, d'*Abensberg* et de *Ratisbonne* (avril), leur prend Vienne (mai), et les bat à *Essling* et à *Wagram* (6 juillet 1809).

TRAITÉ : A LA FRANCE : Provinces Illyriennes ; mariage de Marie-Louise avec Napoléon.

A LA SAXE : La Gallicie. — Adhésion au blocus.

QUESTION XIX.

CAMPAGNE DE RUSSIE. — CAMPAGNE D'ALLEMAGNE. — CAMPAGNE DE FRANCE. — ABDICATION DE L'EMPEREUR. — RETOUR DE L'ÎLE D'ELBE. — LES CENT-JOURS. — WATERLOO. — SAINTE-HÉLÈNE.

1812 **Campagne de Russie** (Niémen franchi le 24 juin, repassé le 30 décembre).

CAUSE : Violation du blocus par Alexandre.

1. Après le départ de Napoléon : siége de Saragosse (1809, janvier) ; Masséna battu à Torres-Vedras (1811) ; Joseph chassé (1813). — Défaite de Vittoria (21 juin 1813) ; rentrée en France.

(2) Les brulots de Congrève nous detruisent 12 vaisseaux en rade de l'île d'Aix (avril).

LUTTE : (Marche sur Moscou. Napoléon et ses généraux contre Barclay et Kutusof.) Russes battus à *Ostrowno* (25 juillet); *Witepsk* prise le 28. — Résistance et incendie de *Mohilev* (août). Bataille de la *Moskowa* (17 sept.). Entrée à *Moscou* et incendie (sept.). Sortie de Moscou le 19 oct. Passage de la *Bérésina* (29 nov.**).**

1813 Campagne d'Allemagne (Sixième coalition).

CAUSE : Nos désastres en Russie et en Espagne.

LUTTE (sur cinq points).

1° EN SILÉSIE : Macdonald battu sur la *Katsbach*.

2° EN BOHÊME : Vandame battu et pris à *Kulm*.

3° EN BRANDEBOURG : Oudinot battu à *Gross-Beeren*, Ney à *Dennewitz*.

4° EN SAXE : Napoléon vainqueur à Lutzen et à Bautzen, défait à Leipsick (octobre).

5° EN BAVIÈRE : Victoire de Hanau, près Francfort, pendant la retraite.

1814 Campagne de France. (Napoléon entre la Seine et la Marne).

CAUSE : Les coalisés marchent sur Paris par Seine, Marne et Oise.

LUTTE (sur cinq points).

1° VALLÉE DE LA SEINE : Napoléon bat Schwartzenberg à *Montereau* (18 février).

2° VALLÉE DE LA MARNE : Napoléon bat Blücher à *Champ-Aubert* (10 février), *Montmirail* (11 février), *Château-Thierry* (13), *Vauchamps* (14), *Craonne* (7 mars), mais ne peut l'empêcher, par sa victoire d'*Arcis-sur-Aube* (20 mars), de se joindre à Schwartzenberg pour marcher ensemble sur Paris. Napoléon se retire à Saint-Dizier pour attendre des soldats et projette d'enfermer les alliés dans le bassin de la Seine (1).

3° VALLÉE DE L'OISE : Maison recule devant Bernadotte jusqu'à Soissons.

4° AU SUD : Soult bat à *Toulouse* (10 avril) Wellington, qui a pris Bordeaux (12 mars).

(1) Ce bassin est un *pentagone de montagnes* dont le côté nord-est offre *quatre brèches* que l'Empereur aurait fait occuper. Voir France, Physique, Atlas de Drioux.

5° A l'Est : Augereau capitule à Lyon, et Murat livre l'Italie (janvier).

Paris capitule le 31 mars.

Abdication de l'Empereur (11 avril). Le 4 avril, il abdique en faveur de son fils ; le 11, il signe une abdication pour lui et les siens, à Fontainebleau ; le 20, il partit pour l'île d'Elbe.

Retour de l'île d'Elbe. Le 1er mars 1815 Napoléon rentre en France par Fréjus, Grenoble et Lyon ; le 20, il est à Paris.

Les Cent-Jours (du 28 mars 1815 au 10 juillet : 110 jours). Deux faits :

1° Acte additionnel établissant le gouvernement représentatif.

2° Septième coalition contre la France.

Waterloo (18 juin). Septième coalition.

Il bat les Prussiens à *Ligny* (16 juin), les Anglais au *Mont-Saint-Jean* (18), mais ils sont ralliés par les Prussiens, échappés à Grouchy, et le combat recommence à *Waterloo* (18).

Sainte-Hélène. L'Empereur y arrive le 8 octobre 1815 ; il y est mort le 5 mai 1821.

QUESTION XX.

TRAITÉS DE 1815.

Traités de 1815. On appelle ainsi le traité de la Sainte-Alliance et le deuxième traité de Paris (1).

Une pensée y domine : *se précautionner* contre la France et ses idées politiques :

1815 1° TRAITÉ DE LA SAINTE-ALLIANCE (26 septembre 1815). Les

(1) Deux autres traités ont été conclus en 1815 : 1o *Traité secret du 4 janvier* entre la France, l'Angleterre et l'Autriche contre les prétentions de la Prusse et de la Russie au congrès de Vienne ; 2o Traité du 25 *mars* contre Napoléon et sa famille.

trois souverains de Russie, de l'Autriche et de Prusse y proclament le principe de *la Légitimité* et se liguent contre les doctrines de 1789.

 2° Deuxième traité de Paris (20 novembre 1815). Il ouvre nos frontières en donnant à la Hollande *Philippeville* et *Marienbourg*; à la Prusse, *Sarrebruck* et *Sarrelouis*; à la Bavière, *Landau*, forteresses élevées par Vauban dans tous les passages; en démantelant Huningue; en rendant les portes des pays de Gex, de Savoie et de Nice (1).

(1) Voir *Histoire Contemporaine*, n° VI.

CLASSE DE PHILOSOPHIE.

RÉSUMÉ PHILOSOPHIQUE DE L'HISTOIRE CONTEMPORAINE JUSQU'EN 1815.

QUESTION I.

RÉSUMER LES FAITS GÉNÉRAUX QUI ONT MODIFIÉ, A PARTIR DU XVe SIÈCLE, LES IDÉES, LES INTÉRÊTS ET LA CONSTITUTION DE LA SOCIÉTÉ EUROPÉENNE.

Ces faits généraux sont au nombre de cinq : 1° usage de la poudre à canon et de l'artillerie ; 2° réforme protestante ; 3° découvertes de nouvelles terres ; 4° découverte de l'imprimerie ; 5° prise de Constantinople, dont les fugitifs apportent ou expliquent les modèles de l'antiquité.

Révolution politique. (La poudre à canon a rendu les armures et les fortifications féodales inutiles.)

AU MOYEN AGE : les États se composaient de seigneuries presque indépendantes.

DANS LES TEMPS MODERNES : l'unité de territoire et de commandement s'établit presque partout :

1° EN FRANCE, sous Charles VII, Louis XI, Anne de Beaujeu, grâce à *l'armée permanente* et à *l'artillerie.*

2° EN ESPAGNE, sous Ferdinand et Isabelle, qui réunissent quatre royaumes en un, et détruisent tous les pouvoirs locaux.

3° EN ANGLETERRE : la puissance féodale est détruite par la guerre *des Deux Roses* et la *Chambre étoilée,* et l'Écosse est annexée en 1603.

4° EN AUTRICHE, les Habsbourgs s'agrandissent par des mariages et des achats ; mais *l'Allemagne* et *l'Italie* demeurent morcelées jusqu'à nos jours, à cause surtout

de la *Bulle d'or* (1) et des *États de l'Église,* que personne
n'ose attaquer, ce qui divise forcément l'Italie en trois
régions.

Révolution religieuse (due à la réforme favorisée
par l'imprimerie).

Au moyen age : une seule religion et le même chef religieux en Occident.

Aux temps modernes : deux groupes, *protestants* sur la
mer du Nord, *catholiques* sur la Méditerranée.

Révolution économique (due à la découverte de
nouvelles terres et de nouvelles routes maritimes).

Au moyen age : richesse immobilière aux seigneurs
seuls; richesse mobilière aux grandes villes, et surtout
à celles de la Méditerranée.

Aux temps modernes : les nouvelles découvertes donnent
la supériorité commerciale aux riverains de l'Atlantique, centuplent le numéraire, le travail pour l'obtenir, et le crédit; introduisent de nouveaux produits ali-
mentaires, etc.

**Révolution dans les arts, les lettres, la philo-
sophie et les sciences : Développement de l'esprit d'observation et d'examen scientifique.**

Révolution due à *l'admiration exclusive de l'antiquité,*
surexcitée par les fugitifs grecs; à l'audace que donne
le succès de la réforme; à l'esprit de recherche; à l'imprimerie.

Au moyen age : routine et convention, crainte du bû-
cher, arguments tirés des Livres saints.

Aux temps modernes : imitation de la nature et des
anciens dans *les arts et les lettres* (plans, style, sujets,
mots mêmes, mythologie : on cherche à tout s'appro-
prier aux xvie et xviie siècles).

Dans les sciences, Copernic ose publier son système, Vé-
sale ose disséquer, et l'esprit de recherche amène l'application des lettres à l'algèbre par Viète, et les découvertes postérieures de Képler, Newton, Harvey.

(1) La Bulle d'Or (1356) déclarait que les sept électorats ne pourraient
être démembrés ni détruits.

En philosophie, Ramus ose attaquer Aristote, Bacon veut qu'on ne s'en rapporte plus qu'à l'observation, Descartes, qu'à la raison.

QUESTION II.

ÉTAT DE L'EUROPE PENDANT LA DEUXIÈME MOITIÉ DU XVIII° SIÈCLE. — EN FRANCE, OPPOSITION ENTRE LES IDÉES ET LES INSTITUTIONS. — DEMANDES DE RÉFORMES.

État de l'Europe dans la deuxième moitié du dix-huitième siècle :

Trois puissances se sont agrandies (Angleterre, Prusse et Russie).

ANGLETERRE : rois insignifiants, mais ministres habiles, qui lui donnent l'empire des mers et nos colonies.

PRUSSE : elle s'agrandit en prenant la Silésie et une partie de la Pologne, et devient une puissance de premier ordre.

RUSSIE : elle s'établit sur la Baltique, la mer Noire, le **Caucase,** et démembre la Pologne.

SUÈDE, TURQUIE ET POLOGNE, épuisées toutes les trois; la Suède par Charles XII; la Pologne par son gouvernement anarchique et les attaques de la Prusse, de la Russie et de l'Autriche; la Turquie perd le littoral *nord* et *est* de la mer Noire.

AUTRICHE : faible sous Marie-Thérèse, elle se relève sous Joseph II, et s'agrandit aux dépens de la Pologne.

FRANCE : gouvernée par les favorites, elle perd ses colonies, et recourt à tous les expédients financiers; mais ses écrivains sont les oracles de l'Europe.

Opposition entre les idées et les institutions en France. Haine générale contre les anciennes institutions et les inégalités sociales, surexcitée par les philosophes (Voltaire, Rousseau, les Encyclopédistes). Montesquieu et les économistes (Quesnay, Gournay, Smith) cherchent ou indiquent les moyens de réformer la société et l'État.

Demandes de réformes. L'opinion se prononce tellement pour les réformes, que partout les gouvernements essayent d'en faire :

EN FRANCE, Louis XVI avec Turgot et Necker; EN PORTUGAL, Pombal; EN ESPAGNE, d'Aranda; A NAPLES, Tanucci; EN TOSCANE, Pierre-Léopold; EN PRUSSE, Frédéric II; EN AUTRICHE, Joseph II; EN RUSSIE, Catherine II.

LA RÉVOLUTION FRANÇAISE ET L'EUROPE
(1789-1804).

QUESTION III.

LA RÉVOLUTION FRANÇAISE. — ASSEMBLÉE CONSTITUANTE.

Révolution française : la révolution française a été le *premier* établissement d'un régime conforme à la raison et aux idées chrétiennes. Elle a été *double : politique* et *sociale*, à la différence de celle de l'Angleterre qui n'a fait que *rétablir* l'autorité de la Grande-Charte, sans toucher aux priviléges des anciens bourgs et de l'aristocratie.

Assemblée constituante : c'est l'assemblée qui a donné pour la *première fois* une Constitution à la France.— Son erreur en politique a été de méconnaître le principe de la *division des pouvoirs*, et de s'être faite *souveraine absolue*, en ne laissant même pas au roi la nomination des fonctionnaires et le libre exercice du pouvoir exécutif, en lui enlevant *tout* droit d'initiative.

Demandes de cahiers. Le clergé et la noblesse consentent à l'impôt portant sur tous, et à l'établissement d'une monarchie limitée par les états généraux, régulièrement convoqués; mais ils veulent garder leurs priviléges. Le tiers veut l'égalité devant la loi et l'impôt, l'abolition des priviléges et des monopoles.

Caractère des réformes politiques et sociales opérées par la Constituante : elles sont fondées sur la raison et le bon sens : on veut établir « le règne de la raison en politique (1). »

Principes de 1789 (ou principes modernes) : on peut les réduire à *quatre* : 1° droit de *propriété* ; 2° *souveraineté* de la nation et *égalité* de tous les droits ; 3° liberté d'avoir une *opinion quelconque* et de l'exprimer ; 4° liberté individuelle, c'est-à-dire de *faire tout ce qui ne gêne pas les autres*.

Fin de l'ancien régime : Abolition des priviléges ; égalité civile et politique : les nobles et le clergé y mirent fin eux-mêmes, dans la nuit du 4 août, en renonçant à leurs priviléges féodaux, et en proclamant l'égalité de tous.

Création des actes de l'état civil : c'est une conséquence nécessaire de la liberté de croyance, car en donnant un registre de l'état civil à chaque culte reconnu on eût implicitement forcé les citoyens à se *déclarer* pour l'un de ces cultes.

Réformes politiques : la royauté constitutionnelle est substituée au pouvoir absolu : 1° *une assemblée unique* et permanente, élue *pour deux ans*, gouvernera ; 2° le roi aura, sauf en matière de finances, le véto suspensif pour quatre ans (deux législatures) ; 3° tout citoyen payant *deux journées d'impôt*, et ayant vingt-cinq ans, sera électeur et éligible (suffrage à deux degrés). Division de la France en départements, districts et municipalités (2).

Réformes judiciaires : : On sépara les pouvoirs administratifs et judiciaires, juge de paix au canton, tribunal *criminel* (3) de première instance au district, cour d'assises au département, avec jury ; cour de cassation à Paris. Juges élus pour dix ans.

Réformes financières, nouveaux systèmes d'impôts : tous les anciens impôts remplacés par une *contribution foncière et mobilière* ; *impôts indirects supprimés* (4), excepté les droits de timbre et d'hypothèque.

1. En Angleterre, c'est la tradition et non la raison qui gouverne.
2. Le premier consul nommera communes et arrondissements, les municipalités et districts.
3. Le premier consul le rendra *civil* et criminel, et créera les cours d'appel.
4. Napoléon rétablira les contributions indirectes.

Les assignats et leurs conséquences : le trésor n'ayant *pas d'argent comptant* pour payer les créanciers de l'État, les paya en billets, dits assignats, portant intérêts hypothéqués sur les biens du clergé et de la couronne et réalisables après la vente de ces biens. Mais bientôt on en émit pour 40 milliards, garantis par des biens de 450 millions ; de là une première conséquence : perte immense pour les *créanciers de l'État.* Toutefois il en résulta un bien : *la division de la propriété* et la mise en œuvre des terres privilégiées, formant le cinquième de la France.

Retour sur l'histoire du crédit : Law, *le premier en Europe*, montra les avantages du crédit et le moyen de suppléer au numéraire par le *papier-monnaie.* L'émission des assignats n'a été que la répétition de son système : même principe et même chute.

Réformes économiques ou suppression de l'ancienne réglementation industrielle ; LIBERTÉ DU TRAVAIL : Plus de maîtrises ni de douanes intérieures, mais des patentes et des brevets d'invention pour encourager les inventeurs. Prêts à intérêt permis ; unité de poids et de mesures. Liberté de ventes et de transactions.

QUESTION IV.

ASSEMBLÉE LÉGISLATIVE. — CONVENTION. — DIRECTOIRE.

1791-92 **Assemblée législative** (du 1er octobre 1791 au 20 septembre 1792) : Elle avait 745 membres, jeunes et enthousiastes, élus sous l'influence des clubs. Les Girondins, républicains modérés, y dominent.

Impression produite en Europe par la Révolution française : A L'INTÉRIEUR : la Cour, les prêtres insermentés, les nobles ; A L'EXTÉRIEUR, les émigrés et les princes européens désapprouvent la Constitution de 91, jurée par le roi, et se disposent à la combattre :

d'où la Terreur, la guerre civile et étrangère. La Législative proteste par ses décrets et par la guerre.

Opposition du clergé : un *premier décret* (novembre 91) menace de priver de pension et d'emprisonner les prêtres qui continueront à soulever le peuple et à refuser le serment ; un *deuxième décret* bannit ceux qui résistent (25 août 92).

Émigration : les biens des émigrés seront saisis, s'ils ne cessent leurs rassemblements et ne rentrent sous deux mois (décret du 9 novembre 91).

Opposition de la Cour : le roi suspend ces décrets par son *veto*, et ne veut pour lui que des prêtres insermentés. On se souvient que le comte d'Artois a négocié en son nom le blocus de la France à la conférence de Mantoue (mai 91), et qu'il a fui à Varennes (20 juin 91), pour revenir avec l'armée étrangère. Aussi lui impose-t-on un ministère girondin.

Déclaration de Pilnitz (27 août 1791). Après l'arrestation du roi à Varennes, l'Autriche et la Prusse avaient signé, à Pilnitz, près Dresde, une déclaration exigeant la liberté du roi et la dissolution de l'assemblée. La Législative leur fit déclarer la guerre (20 avril 1792).

Manifeste du duc de Brunswick (25 juillet 1792). **Soulèvements intérieurs** (au nombre de *trois*) : Rochambeau est battu à Quiévrain (Nord), de là : *journée du 20 juin* (1), où le peuple *envahit une première fois* les Tuileries (*premier soulèvement*). Ce fait amène le *Manifeste du duc de Brunswick* (15 juillet). Il menace de détruire Paris, si Louis XVI ne rentre dans tous ses droits, et si l'on viole encore son domicile. Les Parisiens y répondent par une deuxième invasion des Tuileries (*journée du 10 août*), où le roi se réfugie dans l'assemblée (*deuxième soulèvement*). — Brunswick, voulant tenir parole, marche sur Paris, prend *Longwy* (20 août), *Verdun* (1er septembre) ; à cette nouvelle, massacre de septembre (*troisième soulèvement*).

1792-95 Convention (du 20 septembre 1792 au 26 octobre 1795).

---

1. Remarquez qu'il ne se fait rien d'hostile à l'étranger et parmi les émigrés qui n'ait sa vengeance à Paris. La révolution se résume à ceci : attaques ou échecs à l'étranger, riposte à Paris.

750 députés, Girondins, Montagnards et Plaine (indécis). Réunie pour juger Louis XVI, elle le condamne à mort (21 janvier). L'Europe se coalise *à cette nouvelle*, et plusieurs provinces se soulèvent.

Terreur (du 31 mai 93 au 27 juillet 94, c'est-à-dire, de l'arrestation des Girondins à la mort de Robespierre). Elle a sauvé la France d'un démembrement et d'une réaction, fin qui ne justifie pas les moyens. Elle supprima toutes les libertés pour surveiller tout le monde.

Suppression des libertés publiques : la liberté individuelle fut supprimée par la loi *des suspects* (sept. 93); la liberté des familles, par les *visites domiciliaires*; la liberté industrielle et *commerciale*, par la loi du *maximum* et des *accaparements*, par la défense des importations anglaises et des *placements* d'argent à l'étranger, par les *réquisitions*.

6 avril 1793 **Comité de salut public** (sorte de *Conseil des Dix*) : Dictature à neuf, puis à douze têtes, créée le 6 avril 1793 pour gouverner. Il nommait et surveillait les fonctionnaires et les faisait juger. Il avait au-dessous de lui comme auxiliaire le comité de *sûreté générale* (1), qui traduisait les suspects devant le *tribunal révolutionnaire*, et même les membres de la Convention, depuis qu'ils avaient renoncé à leur inviolabilité.

94 à 1793 de mai à décembre. **Maximum :** les salaires devaient être au *maximum* ceux de 1790, augmentés de la moitié ; et le prix des denrées ne devait pas dépasser celui de 1790 augmenté d'un tiers, sous peine d'amende et d'inscription sur la liste des suspects.

Août 1793 **Loi sur les accaparements :** peine de mort contre les *accapareurs*, c'est-à-dire les détenteurs de marchandises (août 93).

Août 1793 **Grand-Livre de la dette publique :** registre créé par Cambon pour inscrire toutes les dettes de l'État et n'en payer que la rente à 5 p. %, *sans mentionner l'emprunteur*.

1795-99 **Directoire, Constitution de l'an III** (du 2 octobre 1795 au 11 novembre 1799). Quatre corps d'État :

1. Comité de police.

1° *Corps électoral* ; 2° *cinq directeurs*, dont l'un était remplacé chaque année (pour le pouvoir exécutif) ; 3° conseil des *Cinq-Cents* pour proposer les lois ; 4° conseil des *Anciens* pour les voter.

Banqueroute des deux tiers : *deux tiers* de la dette devaient être payés en nouveaux bons sur les biens nationaux appelés *mandats territoriaux* (1), l'autre *tiers* restait sur le grand-livre sous le nom de *tiers consolidé.* Ce n'était qu'une banqueroute déguisée, ces mandats n'ayant jamais eu aucune valeur.

QUESTION V.

CONSULAT. — CONSTITUTION DE L'AN VIII.

1799-1804 **Consulat** (du 15 décembre au 19 mai). Véritable monarchie constitutionnelle où le premier consul était le roi.

Le consulat rétablit en France la centralisation de Louis XIV, et la complète.

Constitution de l'an VIII. Elle établit six corps d'État.

1° *Trois consuls*, dont le premier nomme tous les fonctionnaires départementaux et municipaux. Les deux autres n'ont que voix consultative (2).

2° *Un Conseil d'État*, choisi par le premier consul, rédige les projets de loi.

3° Un *Tribunat* les discute.

4° Le *Corps législatif* (3) joue le rôle muet *de jury*, accepte les lois ou les rejette par vote secret.

5° Le *Sénat* veille à la conservation de la constitution et

---

1. Ils différaient des assignats en ce qu'ils correspondaient à une quantité *limitée de biens nationaux*, et qu'ils pouvaient *être échangés* contre la terre sans qu'il y eût *rente* ou *enchère.*
2. Cette constitution sera conservée sous le premier et le deuxième empire avec des modifications.
3. La loi est traduite en cour d'assises, devant le jury (Corps législatif).

nomme les magistrats *nationaux* (chambres, consuls, juges de cassation).

6° *Corps électoral* établissant trois listes : *Listes communales* formées du dixième de tous les électeurs ; *listes départementales* formées du dixième des listes communales ; *listes nationales* formées du dixième des départementales. Le sénat et le premier consul devaient y prendre les fonctionnaires nationaux, départementaux et communaux (1).

Consécration des conquêtes de la Révolution : la constitution de l'an VIII consacre les conquêtes civiles de 89, c'est-à-dire : égalité devant la loi, impôt proportionnel, droit de propriété, etc.

Mesures prises pour réconcilier les partis : rappel des proscrits du 18 fructidor ; abolition de la loi des otages et de l'emprunt forcé progressif ; églises rendues au culte ; amnistie aux émigrés ; les anciens nobles admis aux fonctions publiques ; pacification des provinces de l'Ouest : bref, politique de conciliation pour tout le monde.

Organisation administrative, départementale et communale (comme aujourd'hui) : Préfets, sous-préfets et maires, avec un conseil pour chacun.

Création de la Banque de France : Banque de dépôt et de circulation, fondée au capital de 45 millions. En 1806 elle aura un gouverneur nommé par le chef de l'État, trois sous-gouverneurs, quinze régents. — Création de la hiérarchie financière *actuelle*.

Nouvelle hiérarchie judiciaire (celle de maintenant).

Juges de paix, tribunaux de première instance *civils* et correctionnels (ils deviennent civils), cours d'appel (création nouvelle), cour de cassation, jury en matière criminelle.

Le Code civil ou Code Napoléon (21 mars 1803) : Bonaparte choisit pour le rédiger avec lui une commis-

---

1. C'était l'élection *à quatre degrés* ; car pour arriver aux chambres il fallait avoir été choisi quatre fois : 1° par la masse des électeurs ; 2° par ses collègues de la liste communale ; 3° par ses collègues de la liste départementale ; 4° par le Sénat.

sion de jurisconsultes ayant presque tous une spécialité et des tendances contraires : Bigot de Préameneu, Portalis, Tronchet, Merlin de Douai, Berlier, Treilhart, Henrion de Pansey. Tous les tribunaux et le conseil d'État furent appelés à donner leur avis, et la rédaction dura trois ans.

Ses principes : le Code civil eut pour principes (source) les idées de 89, le droit romain ou rationnel, les coutumes du moyen âge, les idées chrétiennes. On y choisit ce qui parut le meilleur.

Le Concordat (LOI DU XIII GERMINAL AN X) : le premier consul nommera les archevêques et les évêques, et le Pape leur donnera l'institution canonique ; les évêques nommeront les curés, et le gouvernement les agréera ; les prêtres auront un traitement de l'État ; liberté des cultes. La bulle *Ecclesia Christi* ratifie ces conventions.

Articles organiques ajoutés par le premier consul, *contre l'avis du Pape,* pour faire accepter le concordat au corps législatif. Ils statuaient qu'aucun bref du Pape ne serait publié en France sans l'autorisation du gouvernement, et qu'on enseignerait dans les séminaires les doctrines de l'Église gallicane (faillibilité du Pape, son incompétence au temporel).

Réorganisation de l'instruction publique : l'Université. Écoles primaires, écoles secondaires et lycées, écoles spéciales ; facultés. En 1806, Napoléon créa l'Université ayant le monopole de l'enseignement, et à sa tête un grand-maître. Il divisa la France en académies, avec des recteurs, inspecteurs généraux et d'académie, professeurs inamovibles (hiérarchie actuelle).

L'EMPIRE ET L'EUROPE (1804-1815).

QUESTION VI.

L'EMPIRE.

1804-14   **Empire** (18 mai 1804 au 6 avril 1814).

Constitution impériale : elle fut ratifiée par trois millions
et demi de suffrages contre deux mille cinq cents.

1° Hérédité de mâle en mâle dans la famille de Napoléon,
Joseph et Louis (1).

2° Liste civile de 25 millions pour l'empereur, un million
pour les princes.

3° Conseil d'État, sénat, tribunat (2), corps législatif con-
servés ; création d'un entourage impérial (six grands
dignitaires, grand aumônier, grand veneur, etc.). —
Les *listes* du consulat sont à vie.

Politique intérieure de Napoléon Ier. Tout faire
pour l'ordre et la prospérité, avoir les yeux à tout,
écouter toutes les réclamations.

Ordre public : l'Empereur perfectionne la centralisation
du consulat et fait des préfets des *empereurs au petit
pied* ; il envoie des *conseillers d'État,* sorte de *missi do-
minici,* inspecter les administrations ; publie les *codes
de procédure et de commerce* ; crée l'*Institut,* l'*Université,*
les *lycées,* rétablit l'*école normale* ; projette d'abolir la
mendicité. (Rétablissement des contributions indirectes
sous le nom de droits réunis.)

Grands travaux d'utilité publique : *canaux* de
l'Ourcq, Saint-Martin, du Rhin au Rhône, de Nantes à
Brest ; *Routes* de Vendée et des Alpes (Simplon, mont
Genèvre, mont Cenis, de la Corniche) ; *Arsenaux* d'Anvers et de Rotterdam ; continuation de la *digue de Cherbourg.* A Paris : *Arc de triomphe, colonne Vendôme, Panthéon, Bourse,* cimetière du *Père-Lachaise, abattoirs,
marchés,* etc., etc.

État des lettres : en laissant de côté les classiques de
la décadence (3), la littérature est représentée par de
grands écrivains en prose.

Six grands noms : 1° *madame de Staël,* qui publie *Delphine*
(1801), *Corinne* (1807), *Allemagne* (1809).

2° *Joseph de Maistre* publie les *Considérations sur la révolu-*

---

1. Jérôme et Lucien étaient en disgrâce.
2. Le tribunat sera supprimé en 1807, et la parole donnée au Corps
législatif, jusque-là simple jury.
3. Chénier, Delisle, Lebrun, Fontanes, Andrieux, Picard, etc.

3.

tion (1799) où il est partisan de la théocratie de Grégoire VII.

3° *Chateaubriand* prétend, dans le *Génie du christianisme* (1802), que le christianisme est la plus poétique des religions; il le prouve dans *Atala, les Martyrs* (1809), *le dernier Abencérage,* où il le met en présence des autres religions principales : religion des sauvages, des Grecs, des Romains, druidisme, mahométisme.

4° *M. de Bonald* publie en 1802 la *Législation primitive,* où il prétend que les rois ne doivent régner que par la volonté de Dieu, et non par la volonté nationale, comme le veut Rousseau (Contrat social).

5° *Royer-Collard* recherche, dans son Cours à la Faculté des lettres, l'origine des idées et renverse le sensualisme du xviiie siècle en prouvant que toutes ne viennent pas *des sens* (1811).

6° *Napoléon* : Proclamations, mémoires, où il se montre écrivain de premier ordre et crée un genre nouveau.

Tous ces écrivains ont cela de commun qu'ils réagissent contre le xviiie siècle.

État des arts (Réaction contre l'afféterie du xviiie siècle). Cinq peintres et trois sculpteurs : David (mort en 1825) et ses disciples Girodet (m. en 1824), Gros (m. en 1835), Gérard (m. en 1837), Ingres (m. en 1867), tous classiques, c'est-à-dire réunissant tous les mérites (1), *ainsi que les trois sculpteurs* : Chaudet (m. en 1817), Cartellier (m. en 1831), Ramey (m. en 1838). — En musique : Méhul (1817), Boïeldieu (1834), Chérubini (1842).

Sciences nouvelles (Géologie et Paléontologie). Cuvier (m. en 1832), créa la *géologie* en établissant que *l'ordre d'ancienneté des couches terrestres* est révélé par les débris qu'elles renferment, et la *paléontologie* par sa *loi de la corrélation des formes.*

Applications industrielles de la science (Chaptal, Monge, Fulton, Proust, Jacquart, Richard Lenoir, Oberkampf).

1° Applications de *la chimie* faites surtout par *Chaptal,*

---

1. Ajoutez *Prudhon* (romantique), peintre de Marie-Louise.

d'après Berthollet et Fourcroy ; il crée à Montpellier une fabrique de produits chimiques, indique l'art de teindre le coton en rouge d'Andrinople, le blanchîment à la vapeur, etc.

2° Applications de *la mécanique et de la physique* : *Monge* écrit l'art de fabriquer les canons et l'art du charpentier-menuisier ; *Fulton* lance un bateau à vapeur sur la Seine en 1803 et à New-York en 1809 (1), *Jacquard* invente une machine à fabriquer les filets (1802), et l'applique au tissage de la soie (1806) ; *Proust* découvre le sucre de raisin (1810), *Phil. de Girard*, la machine à filer le *lin* (1812).

Politique extérieure de Napoléon Ier.

Forcé par les Anglais de recommencer la guerre (1804), il rêve un système d'États feudataires et l'isolement de l'Angleterre.

Blocus continental ; droit des neutres (21 novembre 1806). Tous les ports de l'Europe devant être fermés aux Anglais, ceux-ci forcent dès lors les *navires neutres à toucher* l'Angleterre pour y laisser ou prendre des marchandises et payer 25 p. °/₀ de leur cargaison ; de là une guerre avec les États-Unis.

Conséquences politiques du blocus : Il indisposa tous les peuples contre Napoléon, et fut la cause des guerres postérieures (Portugal, Espagne, Russie) ; violences à l'égard des réfractaires.

Conséquences industrielles. Il força le continent à créer des manufactures, à cultiver le coton, à extraire le sucre de betterave, découvert en 1747 par le Prussien Margraff, bref *à se suffire à lui-même*.

État de l'Europe en 1810 (*Huit États indépendants*), sans compter la Sicile et la Sardaigne :

1° *France*, divisée en cent trente départements (de l'Elbe au Garigliano) et ses *neuf* dépendances : Espagne, Naples, royaume d'Italie, Provinces Illyriennes, Suisse, confédération du Rhin, Bavière, Saxe avec Varsovie, Westphalie ; 2° *Angleterre*, avec nos colonies et celles de la

---

1. Biot, Gay-Lussac, Carcel, Oberkampf.

Hollande ; 3° *Autriche*, entre les Carpathes, la Save et le Danube, isolée de la mer ; 4° Prusse, réduite à la Prusse orientale, Poméranie, Brandebourg et Silésie ; 5° Russie, avec Finlande et Moldo-Valachie ; 6° Turquie au sud du Danube ; 7° Suède ; 8° Danemark avec Norwége.

Expansion sur l'Europe des principes de 89 : notre Code civil, résumé de ces principes, est imposé à tous les peuples soumis. Il initie les Allemands, les Italiens, les Espagnols à ces principes qu'ils n'oublieront pas désormais.

Coalition des puissances contre la prépondérance de la France : elle fut décidée par nos désastres en Russie et en Espagne, et préparée en Allemagne par les écrits de Kœrner et Arndt.

Invasion du territoire français : Napoléon ayant refusé les offres des congrès de Prague, Francfort et Châtillon (1813), la France fut envahie par toutes les frontières, après Leipsick (18 octobre 1813).

Chute de Napoléon : abandonné par ses généraux, par le sénat, par le peuple qui était las et découragé, il abdiqua le 6 avril 1814, et les Bourbons rentrèrent, tandis que Napoléon se rendait à l'île d'Elbe.

HISTOIRE CONTEMPORAINE.

QUESTION VII.

LA PREMIÈRE RESTAURATION ET LES CENT JOURS.

La Restauration (du 6 avril 1814 au 20 mars 1815).
Elle provoque, par ses maladresses, le retour de Napoléon :
1° entrée du comte d'Artois avec *la cocarde blanche* et
une escorte de *Kosaques*; 2° *licenciement* de deux cent
mille soldats et de quatorze mille officiers de Napoléon,
traités de *Brigands* de la Loire; 3° *admission exclusive
des légitimistes aux emplois*; 4° Traité du 30 mai, réduisant la France aux *limites de 1792* et cédant *un
milliard et demi* de matériel dans les places fortes;
5° *déclaration de Saint-Ouen* (2 mai) rejetant le principe
de la souveraineté nationale et ne voulant qu'une *charte
octroyée*; 6° obligation de célébrer le dimanche, fête
expiatoire, etc.

Charte de 1814 (*octroyée* par Louis XVIII le 4 juin
1814).

Au roi : pouvoir exécutif, initiative des lois, *ministres
responsables*.

Aux deux chambres : pouvoir législatif, sans l'initiative.

Aux citoyens payant 300 francs de contributions directes
et ayant trente ans, l'élection à un degré; sont *éligibles*
les contribuables de 500 à 1,000 fr., âgés de 40 ans.

Principes de 89, acceptés.

Les Cent-Jours (110 JOURS : **l'Acte additionnel**.
Les Cent-Jours commencent le 20 mars 1815, jour
de la rentrée de Napoléon à Paris, et finissent le 8 juillet, jour de la rentrée de Louis XVIII. Ils sont marqués

par *trois faits principaux* : 1° *l'acte additionnel* aux constitutions de l'empire, accepté au *Champ-de-mai* du 1ᵉʳ juin. Il conservait le gouvernement de la charte, mais laissait à l'empereur le *droit de confiscation* : 2° *nouvelle insurrection* de Vendée, Poitou, Anjou et Bretagne, comprimée par Travot et Lamarque (Bat. de la Roche-Servière en Vendée, le 20 juin); 3° Ligny (16 juin), Mont-Saint-Jean, Waterloo (18 juin). Deuxième abdication, le 22 juin (1).

Napoléon à Sainte-Hélène : il y passa six ans (15 octobre 1815 au 5 mai 1821) avec Bertrand, Montholon, Gourgaud, Las-Cases, abreuvé d'outrages par son gouverneur Hudson-Lowe, mais rendu plus grand et plus populaire par le malheur.

Le Congrès de Vienne et les traités de 1815. On appelle traités de 1815 : 1° les stipulations du congrès ouvert à Vienne du 25 octobre 1814 au 9 juin 1815, pour fixer la nouvelle carte de l'Europe ; 2° le traité de la Sainte-Alliance entre l'Autriche, la Prusse et la Russie (26 septembre 1815, à Paris); 3° le deuxième traité de Paris (novembre 1815).

Tableau comparé des puissances et de leurs colonies en 1789 et 1815.

Fʀᴀɴᴄᴇ. Elle a *de plus qu'en* 89 : Mulhouse, Montbelliard, Avignon ; *de moins* : Marienbourg et Philippeville, Bouillon, Sarrelouis et Sarrebruck, Landau, ce qui ouvre la France ; — Sainte-Lucie, Tabago, Maurice et les Seychelles.

Aɴɢʟᴇᴛᴇʀʀᴇ. *De plus* : Helgoland, Malte et Ioniennes, le Cap, Maurice et les Seychelles, Ceylan, Tabago et Sainte-Lucie.

Rᴜssɪᴇ. *De plus qu'en* 89 : Pologne, Bessarabie (depuis 1812), Finlande, Iméréthie, Mingrélie (1803-4).

Pʀᴜssᴇ. *De plus qu'en* 89 : Grand-duché de Posen, province de Saxe, Stralsund, Westphalie, Prusse rhénane.

1. *Premier traité de Paris* (31 mai 1814). Il nous laissait la Savoie, Porentrui, Montbelliard, Avignon et le Comtat venaissin, que nous n'avions pas en 89, et ce que nous avions alors. — Mais le deuxième traité de Paris nous reprendra, outre les *portes* de la frontière du Nord et de l'Est, la Savoie et Porentrui.

Autriche. *De plus qu'en* 89 : Vénétie et Dalmatie ; *de moins* : Belgique et couronne d'Allemagne.

Hollande. *De plus* : Belgique ; *de moins* : Ceylan, le Cap.

Suède. *De plus* : Norwége ; *de moins* : Stralsund et Finlande.

Le reste n'a pas changé.

LOUIS XVIII ET SON TEMPS (1815-1824).

QUESTION VIII.

EN FRANCE, EN ANGLETERRE, EN ITALIE, EN ESPAGNE ET EN ALLEMAGNE, ANTAGONISME ENTRE L'ANCIEN RÉGIME ET LES IDÉES NOUVELLES. — LA SAINTE-ALLIANCE.

En France : les ultra-royalistes et le comte d'Artois (plus tard Charles X) avaient les mêmes idées qu'avant 89, et voulaient revenir peu à peu à l'ancien régime ; mais la nation avait des idées toutes contraires, et dès lors commence la lutte qui ne finira qu'en 1830 par la victoire du peuple.

En Italie, en Espagne, en Allemagne, *les peuples*, longtemps gouvernés par l'Empire, ont les idées françaises ; *les rois*, Victor-Emmanuel Ier à Turin, Ferdinand IV à Naples, Ferdinand VII en Espagne, et tous les princes allemands (excepté à Bade et en Wurtemberg), ont rétabli partout l'absolutisme, ce qui suscite des sociétés secrètes pour préparer l'affranchissement, et revenir aux lois françaises.

En Angleterre : l'antagonisme naît *de la misère* due à la cherté des céréales et à la fermeture des fabriques, les produits anglais, en 1815, ne trouvant plus d'écoulement en Europe, où l'on se suffit. Hunt et Cobbett soulèvent les ouvriers des grandes villes (Manchester, etc.), et demandent des réformes politiques (1817-

19) : *Plus de lois défendant l'importation des céréales* (1) ; *égalité : suffrage universel.* Les tories, au pouvoir depuis 1807, suppriment *l'habeas corpus*, et répriment le désordre sans rien accorder.

La Sainte-Alliance (26 sept. 1815) : union fraternelle conclue entre les souverains de Prusse, Autriche et Russie pour se secourir mutuellement. Ils y proclamaient *la confraternité et le droit divin* (2) des rois : Louis XVIII et les tories anglais y adhérèrent secrètement, bien que ce fût contraire au principe de leurs gouvernements parlementaires.

QUESTION IX.

LOUIS XVIII. — RÉACTIONS. — SOCIÉTÉS SECRÈTES. — MESURES ÉCONOMIQUES.

1815-1825 **Louis XVIII** (spirituel, instruit, plus libéral que son entourage, mais trop indolent et sceptique). Il eut successivement pour premiers ministres *Richelieu* (deux fois, 1815 à 18 et 1820 à 22), *Dessolles* (1818), *Decazes* (1819), *Villèle* (1822-24), sous lesquels passèrent la *loi électorale* du double vote (3) (1820), la *loi du recrutement* (1818), la loi de *septennalité* de la Chambre des députés (1824), le rétablissement *de la censure* (1824).

Occupation militaire du territoire français (juillet 1815 à novembre 1818) : *Cent cinquante mille soldats étrangers occupèrent, à nos frais*, une ligne de forteresses à la frontière du Nord (de la mer au Rhin). Ils devaient y rester cinq ans ou jusqu'à payement complet de 700 millions.

1. Cette défense *d'importer des céréales* donnait le monopole du blé aux lords *seuls* grands propriétaires.

2. Le roi de droit divin ne doit compte de sa conduite qu'à Dieu ; le roi constitutionnel doit, en outre, compte de la sienne aux chambres et au peuple. La Sainte-Alliance était donc une ligue contre les gouvernements constitutionnels et la Charte française.

(3) Les collèges électoraux *d'arrondissement* nommaient *une partie* des députés, les collèges de *département* formés des plus hauts cotisés, *l'autre partie.*

Réaction politique (1815-1816) : elle commence
dès le jour de la bataille de Waterloo, *par les massacres
du Midi.* Louis XVIII la continue *par son ordonnance du
24 juillet,* qui proscrivait *cinquante-sept personnes,* dont
dix-sept devaient être jugées dans un conseil de guerre.
Enfin la *Chambre introuvable* (oct. 1815 à sept. 1816)
rétablit contre les libéraux le système de la Terreur :
1° *la loi des suspects,* sous le nom de *loi sur la liberté individuelle,* loi qui permettait aux maires mêmes d'arrêter n'importe qui ; 2° *le tribunal révolutionnaire,* sous le
nom de *cours prévôtales* (sans appel, ni jury, ni recours
en grâce). *La loi d'amnistie,* votée aussi par cette chambre, livrait douze cents autres personnes, à ces cours
de justice expéditive.

Victimes par ordre géographique (1) : A Marseille
(mamelucks), à Avignon (Brune), à Grenoble (Paul
Didier), à Nimes (Gily et protestants), à Uzès (protestants), à Montpellier (gardes nationaux), à Castelnau-
dary (chirurgien Baux), à Toulouse (Ramel), à la Réole
(les deux Faucher), à Rennes (Travot), à Lude (Sarthe)
(paysans), à Paris (La Bédoyère, Ney, Mouton-Duverney
et Lavalette, qui échappe).

Sociétés secrètes en France et à l'étranger
(carbonari chez les nations latines).

En France : *Les carbonari* (bonapartistes et républicains), divisés en *rentes* de vingt membres (haute-vente,
ventes centrales, ventes particulières), furent la cause
des mouvements insurrectionnels de 1819-20-21 et 22,
et des conspirations : affaires du capitaine Nantil, de
Béfort, du capitaine Vallé, des quatre sergents de La
Rochelle, du général Berton, à Thouars.

N.-B. — La Congrégation, dirigée par les jésuites, recrute
les hommes du parti ultra-royaliste.

En Espagne : *Carbonari* (fontaine d'or à Madrid).

En Italie : Carbonari et poëtes, dont l'organe était le
journal le *Conciliatore* (Berthet, Silvio Pellico, Manzoni).
Le parti absolutiste leur oppose, à Naples, les *caldieri*
ou chaudronniers.

---

1. Ligne allant de Grenoble à Bordeaux, à Rennes, à Paris.

En Allemagne : *Tugen-Bund* (lien de vertu) et *Burschen-schafft* (de *Bursche*, garçon, *schafft*, association), associations d'étudiants.

En Pologne : *Chevaliers du Temple* et *franc-maçonnerie nationale* (1820); *Faucheurs* (1822).

En Grèce : *Hétérie*, formée en 1814 à Odessa (1), pour délivrer le pays, et *Philomuses*, association littéraire patriotique.

Mesures économiques en vue de la politique nouvelle. — Système protecteur en France et en Angleterre : la politique nouvelle était le rétablissement du passé. On en revient donc au système *économique de l'ancien régime*, pour reconstituer une aristocratie territoriale et industrielle. De là, en France, établissement de l'*échelle mobile* pour les céréales, comme en Angleterre; droits énormes sur les fers étrangers (120 0/0), sur les étoffes, les sucres, le café, les graines; en un mot, le rétablissement général du *système protecteur* (colbertisme), surtout en Angleterre et en France.

QUESTION X.

RÉVOLUTIONS EN EUROPE. — ÉMANCIPATION DES COLONIES ESPAGNOLES. — CONTRE-RÉVOLUTION.

1820-21 **Révolutions en Europe** (Les garnisons gagnées aux sociétés secrètes donnent le signal). Les peuples des trois presqu'îles de la Méditerranée revendiquent des constitutions libérales ou la liberté, comme la Grèce (1820). Mais la sainte-alliance remet sous le joug l'Italie et l'Espagne.

1819-20 **Espagne** (Riégo) : Toutes les classes sont indignées du *despotisme de Ferdinand* VII, et 17,000 soldats destinés à l'Amérique se révoltent à Cadix (1819). En 1820, le chef de bataillon Riégo proclame dans le Midi la Cons-

---

1. D'ἑταιρία, compagnie.
2. Echelle mobile, c'est-à-dire, droits *mobiles* ou *variables* suivant l'augmentation ou la diminution des grains pour empêcher ou provoquer l'importation.

titution de 1812 ; la Catalogne, l'Aragon, la Navarre (1),
les régiments de la Corogne et du Ferrol se soulèvent
en faveur de Riégo, et Ferdinand accède à la Constitution (août 1820).

1820 **Lisbonne** (Sépulvéda) : Oporto et Lisbonne se soulèvent,
à l'imitation de l'Espagne (août 1820), et obtiennent
aussi une constitution libérale.

1820 **Naples** (Pépé) : Les carbonari ont envahi toutes les classes ; le général Pépé donne le signal de la révolte, en
soulevant la garnison de Nola, près Naples. Ferdinand IV accorde la Constitution espagnole de 1812
(juillet 1820).

1820-21 **Milan et Turin** (Santa-Rosa) : (Milan veut secouer
le joug autrichien ; Turin désire une constitution libérale). La révolte éclate à Alexandrie et à Turin, elle
avorte à Milan. Mais plutôt que de céder, le roi *Victor-
Emmanuel I*er abdique en faveur de son frère *Charles-
Félix,* le 13 mars 1821, sous la régence de son fils
Charles-Albert, reconnu comme chef des libéraux. Une
junte provisoire est réunie.

1821 **Grèce** (insurrection des Grecs) : En 1819, *Parga,* trahie
par les Anglais, avait donné l'exemple de l'héroïsme ;
en 1820, le farouche Ali, pacha révolté de Janina,
pressé par les Turcs, s'entend avec les *Hétairies,* et appelle les Grecs à l'indépendance pour s'en faire des
auxiliaires. *Calavrita,* en Morée, donne le signal (1820) ;
Napoli, Navarin et *Tripolitza* sont délivrées par les insurgés, tandis que les corsaires grecs, *Canaris, Miaoulis*
et *Botzaris,* font la chasse aux navires turcs, et qu'*Ypsi-
lanti,* réfugié en Russie, les attaque en Moldavie (1820).
Les Hétairistes proclament l'indépendance au *Congrès
d'Epidaure* (janv. 1822); mais il n'y a aucune entente,
aucune unité de commandement.

1817-19 **Mouvement en Allemagne** : Le libéralisme éclate
à l'occasion du congrès de la Wartburg, organisé par
la Burschenschafft d'Iéna, pour fêter le 3e jubilé de la
réforme et l'anniversaire de la bataille de Leipsick
(18 octobre 1817). On y prononce des discours contre
le despotisme, et l'on arbore le drapeau *noir et or* de

1. Remarquez que ce sont les trois provinces frontières de la France.

l'ancien empire. On va jusqu'à *brûler* le Code Napoléon, le *code du bon sens*, avec les ouvrages de Kotzebue. M. Stourdza, ministre russe, ordonne des perquisitions : meurtre de Kotzebue, ami des Russes, par un des auteurs de la Wartzburg, Maurice Sand (1819) ; attentat contre Lœning, président de Nassau (juillet 1819).

1819 Les universités sont mises sous la surveillance de *procureurs généraux* et une *commission d'enquête* est établie à Mayence (sept.)

1820-21 **Mouvements en Pologne** : A la vue des agitations allemandes, le czar restreint la charte de 1815 (liberté de la presse diminuée, tribunaux exceptionnels, espionnage, impôts arbitraires).

Émancipation des colonies espagnoles : (Elles ne reconnaissent pas Joseph Bonaparte (1808). Ces colonies comprenaient toutes les régions entre le Missouri et la Patagonie (sauf le Brésil). La révolte commence aux deux extrémités et au centre (Mexique, 1810, 1810-12-20 La Plata, 1810, Colombie, 1810). Les sociétés secrètes allaient proclamer l'indépendance des *États-Unis slaves* lorsque mourut le Tzar (décembre 1825).

1° Mexique : A *Dolorés*, le curé *Hidalgo* donne le signal (septembre 1810), il est battu et tué, comme ses successeurs, le curé *Morelos* (1812) et *Mina* (1818) ; mais en 1821 le transfuge *Iturbide* bat le vice-roi et lui impose le *plan d'Iguala* qui proclamait l'indépendance 1811 sous un *infant*.

L'Amérique centrale se joint, en 1821, au Mexique, puis s'en détache et forme cinq républiques en 1839.

2° La Plata s'insurge en mai 1810, et assure son indépendance par la victoire de Las Piedras, mais n'obtient une constitution fixe qu'au congrès de *Tucuman* (1816).

San-Martin, revenu d'Espagne, où il a combattu contre les Français, est élu général à Buénos-Ayres (1815), et 1811 va délivrer *le Chili*, révolté depuis 1810, par les victoires de *Chacabuco* (1817) et de *Maypu* (1818 (1)).

3° Colombie : Miranda la soulève en 1810, mais elle ne fut complètement libre qu'après les victoires de *Bolivar* à *Bayaca* (1819) et à *Carabobo* (1821).

(1) Le docteur Francia (sorte de *Louis XI* pour le caractère) avait délivré le Paraguay en 1811.

Les deux Pérou reçoivent des secours *du Sud et du Nord :*
En 1820, lord *Cochrane,* qui avait fui d'Angleterre devant une condamnation, et San-Martin, vinrent du Chili avec 5,000 hommes, prirent *Lima* en 1821, et proclamèrent *l'indépendance du Pérou.* Elle fut assurée par les victoires de Bolivar à *Junin* (1824), et de son lieutenant Sucre à *Ayacucho* (1824. Un congrès divisa le Haut et le Bas-Pérou en 1825 (1).

1820-21-22 Congrès de Troppau, de Leybach et de Vérone (pour réprimer les révoltes) :

1° A Troppau (octobre 1820), l'Autriche, la Prusse et la Russie adoptèrent le principe *d'intervention armée* dans les États secondaires. La France y adhère, l'Angleterre se déclare *neutre.*

2° A Laybach (janvier 1821), l'Autriche promet son intervention à Ferdinand de Naples.

3° A Vérone (octobre 1822), la France se charge de rétablir le despotisme en Espagne. Mais Canning, nouveau ministre anglais, proclame le principe de *non-intervention.* Note circulaire des *autres* puissances contre toutes les révolutions, même celle de Grèce, décidée à Laybach.

1821 Intervention de l'Autriche en Italie. L'armée de Naples bat Pépé à *Riéti* (27 mars 1821), et rétablit le despotisme de Ferdinand IV (réaction qui sacrifie 16,000 victimes).

Intervention de la France en Espagne (décidée à Vérone).

Malgré l'opposition des libéraux et de Manuel surtout, qui s'était fait expulser de la Chambre (mars 1823), la France rétablit en Espagne le *despotisme de Ferdinand VII,* par la prise de Madrid (mai), du Trocadero et de Cadix (août et septembre). Le Portugal, par imitation, rétablit le vieux régime, mais le Brésil s'y refuse et se sépare.

1823 Politique de la Hollande en Belgique (détruire la nationalité) : Guillaume Ier appliquant la *Loi Fondamentale* hollandaise de 1815, appelle trop peu de

1. Cherchez sur la carte : Dolorès (Mex.), Tucuman (La Plata), Chacabuco et Maypu (Chili, Boyaca (Colombie), Junin, Ayacucho (Pérou).

Belges aux États, il refuse le jury, la liberté de la presse, des ministres responsables (la charte française), défend la langue française (1818), et toute communication des évêques avec le pape sans *son visa*.

QUESTION XI.

CHARLES X. — VILLÈLE ET MARTIGNAC. — L'EUROPE DANS LE MÊME TEMPS.

1824-30 **Charles X** (1824-1830) : Attaché à l'ancien régime (1), et dirigé par la Congrégation. Il eut trois ministères jusqu'à 1830 : ministère de Villèle, institué depuis 1821, de Martignac, de Polignac.

1824-28 **Ministère Villèle** (1824-28). **Indemnité aux émigrés** : Villèle se signale toujours par des mesures impopulaires : *Indemnité d'un milliard aux émigrés* (4 janvier 1824 ; *généraux de Napoléon* mis en retraite ; *loi du sacrilége* ; essai pour rétablir le *droit d'ainesse* ; *loi sur la presse*, ne permettant la publication que *cinq jours après le dépôt,* et soumettant les feuilles au *droit de timbre* ; *licenciement* de la garde nationale, pour avoir crié : A bas les jésuites. (Le *Mémoire à consulter* de Montlosier 1826, avait achevé de rendre les Jésuites impopulaires).

1828-29 **Ministère Martignac** (1828-29) : Libéral, il expulse *les jésuites* qui refusent de soumettre leurs établissements *au régime* universitaire, supprime le *cabinet noir, abolit la censure* pour la presse : tout Français peut publier un journal sans autorisation préalable. La gauche trouvant trop *aristocratique,* et la droite, trop *démocratique,* un projet de loi sur la nomination des conseils généraux et municipaux, *se coalisent* pour le faire échouer ; de là, chute du ministère Martignac.

818-1819 **Union douanière en Allemagne :** En 1818, le roi de Prusse négocie une union douanière (Zollverein,

---

1. Il n'y a, disait-il, que monsieur de la Fayette et moi qui n'ayons pas changé depuis 89.

de Zoll, douane, et Verein, association) avec les petits princes enclavés dans ses Etats, tandis que la Bavière et le Wurtemberg signent un traité de commerce (1), en vertu de *l'article* 19 du pacte fédéral, qui promettait la liberté de commerce. En 1833 les deux Zollverein bavarois et prussien, qui s'étaient successivement rattaché les petits États voisins, se réunissent en *un seul*.

1829 Révolution en Portugal . Don Miguel à Lisbonne : A la mort de *Jean IV* (mars 1826), roi de Portugal, *son fils* Don Pedro, empereur du Brésil, donne la couronne du Portugal à sa fille Dona Maria sous la régence de Marie Isabelle, et la tutelle de l'Anglais Beresfold (mai 1826), et établit deux chambres. Mais Don Miguel, *son frère*, se fait proclamer par les *absolutistes* (juin 1828).

1827 Intervention en faveur des Grecs (1826). **Navarin :** Le sultan Mahmoud donne le pachalick de Morée à Mehemet-Ali, pacha d'Égypte, à la condition de le reprendre aux Grecs, ce que fait son fils Ibrahim (1825). Il attaque aussi la Grèce centrale, où Missolonghi se fait sauter (avril 1826). Mais la France, l'Angleterre et la Prusse, coalisées au *traité de Londres* (1827), détruisent la flotte turco-égyptienne à Navarin (octobre 1827).

1828 Invasion des Russes en Turquie. Le sultan refusant de traiter, *Nicolas* prend *Jassy, Buckharest, Silistrie* et *Warna,* tandis que Paskéwitch, son général, menace *Trébizonde,* et que le général français *Maison* chasse de Morée les troupes turques, Ibrahim étant rembarqué. Le château de Morée, près Patras, oppose seul quelque résistance. L'Angleterre craignait pour Constantinople, elle fait conclure la paix.

Traité d'Andrinople. Fondation d'un royaume grec (septembre 1829).

1° Le Pruth sera frontière, mais la Russie aura les bouches du Danube et 135 millions, et le protectorat de la Servie, de la Valachie, de la Moldavie, qui ne seront plus *que* tributaires de la Porte.

1. Remarquez que les deux Confédérations du Nord et du Sud ont formé d'abord deux confédérations commerciales *distinctes.*

2° L'Hellade, la Morée, Négrepont et l'Archipel formeront un royaume grec indépendant.

1825-50 État de l'Angleterre. Elle était revenue aux idées libérales avec Canning, successeur de Castlereagh (1) (1822-27); soutenait la politique de non-intervention à l'étranger, et réformait à l'intérieur son système douanier dans un sens libéral.

1825-25 Réformes économiques de Huskisson (disciple de Smith, et fait président du commerce par Canning).

On lui doit les réformes suivantes :

1° *Acte de navigation partiellement aboli*, sauf pour les colonies.

2° *Importation des céréales* permise (1825).

3° Droits sur les marchandises étrangères, même les soieries, abaissés au-dessous de 30 p. % (1823-25).

4° Impôt du sel supprimé (1825).

1828 Ministère Wellington (janvier 1828 à juillet 1830). Ce ministère tory, ennemi de toute innovation, vit la chambre céder à la ténacité d'O'Connel, chef de l'*Association catholique irlandaise* formée en 1823, et accorder l'abolition du bill du test (2).

1829 Émancipation des catholiques (mars 1829). Le bill d'émancipation des catholiques fut accepté dans les deux chambres sur la motion de Robert Peel, et le serment du *test* remplacé par un serment de fidélité. Dès lors *égalité* politique entre les dissidents anglais.

QUESTION XII.

MINISTÈRE DE POLIGNAC (FIN DU RÈGNE DE CHARLES X).

1829-50 Ministère de Polignac (août 1829 à août 1830). Il était composé d'*ultra-royalistes* (Polignac, Bourmont, Labourdonnaye, etc.), aussi tout le monde s'effraya-t-il

1. Castlereagh s'était suicidé au moment de partir pour le congrès de Vérone.

2. Le Test (de *testis*) existait depuis 1673. V. Qu. III du cours de rhétorique.

Alarme générale a la vue du ministère. Chateaubriand,
Villemain, Salvandy (1) font leur démission ; renouvel-
lement de la société *Aide-toi et le ciel t'aidera* et formation de l'*Association bretonne*, qui s'engage à refuser
l'impôt si l'on attente à la Charte ; *adresse* des deux cent
vingt et un députés en réponse au discours menaçant
du roi à l'ouverture des Chambres (2 mars 1830). Ils dé-
claraient le gouvernement en désaccord avec la nation, et protestaient contre toute restriction aux droits
politiques du pays. Le roi proroge la chambre, puis la
dissout le 19 mars.

Expédition d'Alger (1830).

Trois Causes : 1° Coup de chasse-mouches donné par
Hussein, dey d'Alger, à notre consul, M. Deval (1827) (2) ;
2° nos établissements de la Calle détruits, en réponse à nos réclamations (1829) ; 3° M. de la Breton-
nière, successeur de l'amiral Collet qui bloquait Alger
depuis 1827, et porteur d'un ultimatum, est canonné
en se retirant (1829).

Lutte (blocus par terre et par mer).

ALGER :
> Duperré débarque trente-sept mille hom-
> mes à Sidi-Ferruk, à cinq lieues d'Alger
> (14 juin 1830).
> Bourmont bat les Algériens à Staouéli (19
> juin). Le fort de l'Empereur assiégé se
> fait sauter (4 juillet), et Alger capitule.

Les Ordonnances (25 juillet 1830).

Cause. Réélection des deux cent vingt et un et de qua-
rante-neuf autres libéraux (du 3 au 19 juillet). Le ministère conseille au roi de s'appuyer sur l'article 14 de
la charte pour publier les ordonnances suivantes, ce
qu'il fait le 25 juillet, encouragé par son succès à Alger.

1° La nouvelle chambre est dissoute ; on en élira une
autre le 13 septembre ; mais les *commerçants ou pa-
tentés* ne seront plus électeurs.

1. Chateaubriand était ambassadeur à Rome, les deux autres conseillers
d'État.
2. M. Deval réclamait deux navires français capturés : objection de
Hussein demandant pourquoi Charles X n'avait pas fait réponse à une
lettre, où il revendiquait 2 millions retenus à des Algériens sur une créance
française de 7 millions. M. Deval répond : « Un roi de France n'écrit pas
à un infidèle. »

2° *Plus de liberté de la presse* : toute publication devra être autorisée.

Révolution de Juillet (26, 27, 28. 29 juillet 1830).

25 *Juillet* : Promulgation des ordonnances.

26 *Juillet* : Les journalistes se réunissent dans les bureaux du *National* pour protester.

27 *Juillet* : La foule empêche la police de briser les presses du *National* et du *Temps*.

28 *Juillet* : Barricades, drapeau tricolore.

29 *Juillet* : Prise du Louvre et des Tuileries.

Le 30, le duc d'Orléans *lieutenant général*. Le 1er août abdication du roi, qui s'embarque le 16.

Résultats généraux de quinze années de la restauration (six résultats).

1° Extension donnée au régime constitutionnel : Il a été *étendu* a l'avénement de Louis-Philippe, par la suppression ou la modification des passages de la Charte dont l'expérience avait démontré le danger pour la liberté. Tout sera nettement déterminé, et la charte ainsi modifiée dans un sens *plus constitutionnel* sera *acceptée* et *non octroyée*. (Elle sera désormais *une vérité*.)

2° Prospérité financière : toutes les dettes nouvelles payées : il y avait, en 1829, 4 millions d'excédant.

3° Prospérité commerciale. Le mouvement commercial s'accroît de 400 millions (de 600 millions à 1 milliard); la culture gagne un million d'hectares; code forestier et *école forestière*; ouverture des canaux du Rhône au Rhin, de la Loire, de l'Oise, du Nivernais.

4° Institution de caisses d'épargne, la première à Paris en 1818; Bordeaux et Metz (1819), Rouen (1820), Nantes, Brest (1821).

5° Délivrance de la Grèce (1827) et destruction des pirates par la prise d'Alger (1830).

6° Mouvement des esprits excités par les tendances anti-libérales et les mesures anti-constitutionnelles du gouvernement.

Résistance du gouvernement et sa chute. Il veut arrêter ce mouvement libéral contraire au sien, et c'est ce qui cause sa chute.

QUESTION XIII.

ÉTAT DES LETTRES, DES ARTS ET DES SCIENCES SOUS LA RESTAURATION.

État des lettres. (Deux périodes correspondant aux deux règnes.)

PREMIÈRE PÉRIODE : Deux partis ayant chacun trois écrivains principaux, jusqu'au moment où Chateaubriand passe aux libéraux (1824).

Sous
LOUIS XVIII
(deux partis)

> 1° PARTI ROYALISTE (publiant le recueil *la Muse française*) :
> *Hugo* : Odes et Ballades (1822).
> *Lamartine* : Méditations (1820).
> *Nodier* : Smarra (1821). Trilby (1822).
> 2° PARTI LIBÉRAL :
> *Béranger* : Quatre livres de ses Chansons (1815-21-25-28).
> *Delavigne* : Les Messéniennes (1819).
> *Courier* : Pamphlets (1815-23).

Les écrivains royalistes passent avec Chateaubriand au parti libéral (1824), et tous sont appelés romantiques, de leur amour pour le moyen âge (langues romanes).

Les romantiques ont *trois tribunes* pour propager leurs doctrines littéraires.

Sous
CHARLES X
(Fusion
des
deux partis).

> 1° LE GLOBE (1824) où *Dubois, Patin, Jouffroy, Rémusat* se moquent des règles classiques, faussement attribuées à Aristote, et invitent les poëtes à faire des drames comme ceux de Shakspeare, que traduit *Guizot*.
> 2° LA SORBONNE (1827-28) émet les mêmes doctrines littéraires par l'organe de *Villemain*. Elle ose admirer ou blâmer sans égard pour les règles de convention, ex.: Littérature au XVIIIᵉ siècle (1825-28).

<table>
<tr><td rowspan="2">Suite de
Charles X</td><td>*Guizot* (1) : Histoire moderne (1827-28). Il se fait le chef de l'*école philosophique* et ne se préoccupe pas des méthodes reçues.
Villemain : Abandonne les Grecs et les Romains pour les philosophes allemands (1827-28).
3° Le Cénacle (1827) applique et proclame les mêmes principes d'indépendance.
Hugo : Cromwell, avec sa préface, qui est le manifeste du romantisme (1827), Orientales (1828), Hernani et Marion Delorme (1829).
De Vigny : Poésies (1826), Cinq-Mars (1826).
(*Em. Deschamps, Alfred de Musset et Sainte-Beuve*, sont aussi du Cénacle).</td></tr>
</table>

Influence des littératures étrangères (allemande et anglaise).

Nos écrivains empruntent à l'Allemagne et à l'Angleterre quatre choses principales :

1° Mépris des règles arbitraires des classiques (à Goëthe). La seule unité est celle d'ensemble (Goëthe).

2° Amour du moyen âge et art de ressusciter les époques (à Walter Scott et Goëthe).

3° Amour de la nature et rêverie (à Goëthe et aux lakistes).

4° Tendance à exprimer ses émotions personnelles (à Byron et Schiller).

Arts (Peinture classique et romantique, Musique).

1° Peintres classiques : *Ingres* recherche la pureté du dessin. Il observe toutes les règles de l'Antique.

2° Peintres romantiques : *Géricault* (Naufrage de la Méduse, 1819) et *Delacroix* (massacre de Chio, 1824), sont plus coloristes et peu soucieux de la perfection des détails.

3° Peintres mixtes : *Paul Delaroche*, mort en 1856 ; *Ary Scheffer*, mort en 1861.

Musiciens : *Rossini* (Barbier, 1816, Guillaume Tell, 1829),

---

1. Barante devint chef de l'*école descriptive* par son *Histoire des ducs de Bourgogne* (1824). Aug. Thierry publia, en 1825, *Histoire de la conquête d'Angleterre*; Thiers : *Hist. de la Révolution* (1827). Ces deux derniers forment une *école mixte*.

et ses disciples; *Boieldieu* (Dame blanche, 1825), *Au-
ber* (Muette, 1828), *Hérold*. Tous ont *moins de récitatifs*
et plus de *morceaux d'ensemble* que leurs devanciers
(changement dû à Rossini).

Sciences (mathématiques, physiques, naturelles, médicales).

1° Sciences mathématiques : Ampère (m. en 1836), Biot
(1862), Fresnel (1827), Cauchy (1857).

2° Sciences physiques : Ampère, Biot, Arago (1853).

3° Sciences naturelles : Cuvier (1832), Geoffroy Saint-
Hilaire (1834), Humboldt (1835), Jussieu (1836), Thé-
nard (1857).

4° Sciences médicales : Dupuytren (1835) et Broussais
(1838).

**Nouvelles applications de la science à l'indus-
trie :** Le *Charles-Philippe* lancé par Jouffroy sur la Seine
(1816), pour le mariage du duc de Berry. *En 1818,*
premier vapeur entre Londres et Gavensend. *En 1819,*
premier vapeur transatlantique de Savannah (États-
Unis) à Liverpool.

Chemins de fer : En 1804, *Trevithick* et *Vivian* remplacent les chevaux par des locomotives à vapeur sur les
railways des mines anglaises; *en 1819, Blackett* empêche la locomotive de tourner sur place en l'appesantis-
sant; *en 1827,* premier chemin de fer français pour les
mines de *Saint-Étienne* et celles de *Rive-de-Gier*; Se-
guin, d'Annonay, invente en 1829 le ventilateur et la
chaudière à tubes longitudinaux (*chaudière tubulaire*),
traversant l'eau de la chaudière, ce qui augmente la
surface de chauffe.

Éclairage au gaz : *En 1786,* Philippe le Bon en fait le
premier essai, au Havre, avec le gaz de bois ; *en 1798,*
l'Anglais Murdock éclaire une usine avec le gaz de
houille. *Winsor* fonde en 1804, à Londres, une compagnie pour l'éclairage au gaz, et une à Paris en 1825.

Phares : En 1827, Fresnel remplace les réflecteurs de
métal par *huit lentilles* de verre, disposées de manière
à réfracter horizontalement les rayons lumineux.

Carte géologique de la France commencée par Élie de

Beaumont en 1823 et achevée, avec la collaboration de
Dufresnoy, en 1841. Un premier fragment de cette carte
a figuré à l'exposition de 1855.

Découvertes qui ont mis sur la voie de la télégraphie
électrique. Il y en eut trois :

1° *Pile de Volta* (1800), que Sommering applique à la télégraphie en faisant arriver les courants dans vingt-
cinq vases d'eau (1811), un vase pour chaque lettre al-
phabétique.

2° *Electro-magnétisme*, découvert en 1820 par le Danois
OErstœdt, et appliqué par Ampère à vingt-cinq ai-
guilles aimantées, pour les 25 lettres de l'alphabet.

3° *Aimantation du fer doux* par les courants, découverte
par Arago (1820), et appliquée définitivement à la télégraphie.

LOUIS-PHILIPPE ET SON TEMPS (1830-1848).

QUESTION XIV.

LOUIS-PHILIPPE. — SUITES DE LA RÉVOLUTION DE 1830 EN
EUROPE.

1830 **Louis-Philippe** (1830-1848). — Dans sa jeunesse il
s'était distingué comme libéral et comme soldat (à
Valmy et à Jemmapes). Émigré avec Dumouriez, il vé-
cut successivement en Suisse, en Amérique, en Sicile,
en Angleterre, refusant toujours de servir contre la
France (1). Il fut fait roi le 9 août (1830), à cinquante-
sept ans, après avoir été *lieutenant général* pendant dix
jours.

8 août. **Charte de 1830** (acceptée et *non octroyée*, 8 août). —
C'était celle de 1814 avec quatre modifications principales :

1° Le catholicisme n'est plus religion de l'État, mais de
la *majorité* ;

2° L'article 14, qui permet au roi de faire des ordon-

---

(1) Il fut professeur à 1,100 fr. au collège de Reichenau (Suisse), pendant
8 mois.

nances, est supprimé, et il partage l'*initiative* des lois avec la Chambre ;

3° Plus de censure, et jury en matière politique ;

4° Age et cens des électeurs et des éligibles abaissé à vingt-cinq et trente ans, à 200 et 500 francs.

Suites de la révolution de 1830 en Europe. — Il y eut des mouvements partout, excepté en Autriche et dans les États scandinaves (*tout autour de la France*).

Création du royaume de Belgique. — Le 25 août 1830, révolte à Bruxelles au sortir de *la Muette*, épisode de la Délivrance de Naples par Mazaniello en 1648. On chasse les troupes hollandaises.

Le 25 septembre, barricades à Bruxelles et cinq jours de lutte contre le fils du roi de Hollande.

Le 5 octobre, indépendance de la Belgique proclamée.

Le 20 janvier 1831, cette indépendance est reconnue à Londres par les grandes puissances.

En juillet 1832, la couronne, refusée pour le duc de Nemours, est donnée à Léopold de Saxe-Cobourg, qui épouse Louise d'Orléans, fille aînée de Louis-Philippe (août).

23 décembre 1832, la citadelle d'Anvers prise par la flotte et l'armée anglo-françaises.

Soulèvement de la Pologne (29 novembre 1830). — Les Polonais, vexés surtout pour leur religion, chassent le grand-duc Constantin de Varsovie, et nomment *dictateur* le *général Clopicki*, ancien soldat de Napoléon, avec une *commission de cinq membres*. Mais Paskewitch reprend Varsovie (8 septembre 1831), après deux victoires de Diebitsch son prédécesseur, à *Grochow et sur la Narew* (février et mai 1831).

Mouvements en Suisse. — Le *parti libéral* veut abolir la constitution de 1825, soutenue par le *parti fédéral*, et demande *trois réformes principales* :

1° Pour chaque canton, une représentation à la Diète, en rapport avec la population ;

2° Prolongation de la Diète au delà de deux ans ;

3° Armée fédérale.

L'Argovie se soulève le 6 décembre 1830, et s'organise

démocratiquement. Les autres cantons l'imitent, mais les trois réformes ci-dessus sont ajournées.

En Allemagne (entre le Rhin et l'Elbe), le Hanovre, le Brunswick, la Saxe, les deux Hesses imposent des constitutions libérales; mais la Diète de 1832, à Francfort, défend tout changement, et promet des secours aux princes violentés. Interdiction des fêtes et des réunions politiques.

En Italie : entre le Pô, la Toscane et l'Adriatique.

LE 2 FÉVRIER 1831, élection du pape Grégoire XVI; le *lendemain*, Bologne chasse le prolégat du pape, et nomme un *gouvernement provisoire* ; *Modène, Ferrare, Parme, Urbin, Spolète, Pérouse, Terni, Ancône* en font autant, dans le même mois.

LE 4 MARS, les *députés de toutes les villes* proclament, à Bologne, le *statut constitutionnel des provinces unies italiennes*, et un gouvernement central, dont Vicini est le président, et Zucchi, le généralissime.

1851 **Intervention de l'Autriche** (1831).—Le général autrichien Frimont, émigré lorrain de 91, passa le Pô et rétablit les souverains de Modène et de Parme, prit Bologne (20 mars), puis Ancône, où s'était réfugié le gouvernement provisoire. Il se retira après l'amnistie papale de mars et l'acceptation par le cardinal Bernetti d'un *memorandum*, où les grandes puissances demandaient l'admissibilité des laïques aux fonctions judiciaires et administratives, des conseils provinciaux *électifs* (mai).

1852 **Occupation d'Ancône par la France** (1832 à 1838). — Un *édit du 5 juillet* violant les promesses du *memorandum*, les troubles recommencèrent, et les Autrichiens revinrent prendre Bologne; la France occupa Ancône (2 février 1832) pour empêcher l'Autriche de s'établir à demeure dans les Romagnes.

1852 **En Angleterre, Bill de réforme** (4 juin 1832, après des émeutes et grâce à John Russell) :
1° Est *électeur* tout locataire d'une valeur de 1,250 fr. dans les *comtés*, et de 250 dans les *bourgs*.
2° Tout *bourg* ayant moins de *mille habitants* n'a plus de

députés, ce qui supprime ou réduit à un seul les représentants de plus de cent *bourgs-pourris,* comme *Old-Sarum,* qui nommait *deux* députés pour *sept* habitants.

3° Vingt-sept *villes* jusque-là *sans représentation* (Liverpool, Manchester, Birmingham, etc.), en auront une proportionnelle à leur population (1).

En Portugal, établissement du gouvernement constitutionnel. — En juillet 1831, une escadre française, sous les ordres de l'amiral Roussin, saisit, dans le Tage, la flotte portugaise pour venger deux de nos négociants fustigés ou emprisonnés. Don Pedro profite du mécontentement général contre don Miguel pour faire couronner sa fille *Dona Maria,* avec un gouvernement constitutionnel.

En Espagne, établissement du gouvernement constitutionnel (15 avril 1834). — A la mort de Ferdinand VII (sept. 1833), les *absolutistes,* en vertu de la *loi salique* de 1713, couronnent *leur chef* don Carlos, l'Apostolique, son frère ; mais les *libéraux,* invoquant le décret de mars 1830 qui annulait cette loi, proclament Isabelle II, fille de Ferdinand, sous la tutelle de sa mère *Marie-Christine,* d'où une guerre civile de *Sept ans* entre les deux partis (carlistes et christinos) (2). Pour *récompenser* ses partisans et flatter le Portugal, la France et l'Angleterre, qui la soutenaient, la Régente accorde l'*Estatuto réal,* de 1834, un *gouvernement constitutionnel* (une charte et deux chambres).

98-1859 Réformes de Mahmoud en Turquie. — *Elles* sont *de trois sortes :*

1° Usages européens (fez et redingote, théâtres, journaux, bals, etc.).

2° Armée européenne, d'où destruction des janissaires révoltés (1826).

3° Administration a l'européenne préparée. (Son fils Abdul-Medjid l'établira par le Tanzimat (1839).

---

(1) Ce système donnait *un million* d'électeurs pour 25 millions d'habitants ; le nôtre, 200,000 *seulement* pour 35 millions d'habitants.
(2) Les victoires d'Espartero sur les carlistes et la capitulation de Bergara, y mirent fin en août 1839. Don Carlos fut interné en France, où il avait fui.

Réformes de Méhémet-Ali en Égypte. — Elles furent aussi *de trois sortes* :

1° ARMÉE A L'EUROPÉENNE, organisée par le colonel lyonnais Sèves (Soliman-Pacha), aide-de-camp de Grouchy en 1815.

2° FLOTTE achetée en France et en Italie (arsenal, chantiers, écoles) (1).

3° Le pacha se fait propriétaire de tout le sol ; tous les cultivateurs deviennent ses fermiers. — Il prend aussi le monopole du commerce et de l'industrie. (Nouvelles cultures : Coton, mûrier.)

1835 **Intervention des Russes** (1833). — Méhémet-Ali, ayant *vainement* réclamé des *fellahs enfuis* en Syrie, et convoitant d'ailleurs cette contrée pour avoir des *bois de construction*, son fils Ibrahim s'en empare, et maître des défilés du Taurus, par la victoire de *Hems*, de la route de Constantinople par celle de *Konieh*, il s'avance jusqu'à Broussa. Mahmoud appelle Nicolas de Russie à son secours (1833), et signe avec lui le traité d'*Unkiar-Skelessi*, qui fermait la mer Noire à l'Europe. Méhémet se retire moyennant quatre pachalicks de Syrie. (Traité de Kutaïef, 14 mai.)

QUESTION XV.

RIVALITÉ DE L'ANGLETERRE ET DE LA RUSSIE EN ORIENT.

Rivalité de la Russie et de l'Angleterre en Orient, pour un double motif : 1° pour la possession de l'Inde ; 2° pour le commerce de la Chine.

Progrès des Anglais dans les Indes (1800 à 1830) :

De 1800 à 1818 ils prennent tous les pays *entre le bassin de l'Indus, la Djemna et la Kisnah* (Mahrattes);

En 1824 et 25, le *littoral du royaume d'Ava, Singapour et Malacca*.

Progrès des Russes en Asie. — Ils marchent vers l'Inde, des *deux côtés de la Caspienne* :

(1) Tous ces établissements étaient dirigés par les Français : Clot-Bey, Mougel-Bey, Perron, etc., etc.

1° Au sud du Caucase : De 1800 à 1830, ils s'avancent jusqu'à l'Aras ;

2° A l'est de la mer Caspienne : Depuis 1830, l'Aral et le Syr-Daria étaient frontière russe.

La Perse. — En 1830, elle était presque une dépendance de la Russie, qui, pour se rapprocher davantage de l'Inde, poussa le shah Mohammed à prendre Hérat (1838).

Siége de Hérat (1838) par le shah de Perse, vendu aux Russes. — Les Anglais, devinant que le shah est l'agent des Russes, lui font lever le siége de Hérat par une diversion dans le golfe Persique, où ils s'emparent de Buschir.

1840-42 **Expédition des Anglais dans l'Afghanistan** (1840) (succès et revers).

Cause : Nécessité de protéger le Hérat contre l'ambition russe.

1° Succès : Les Anglais chassent de Kandahar *Dost-Mohammed* (8 mai), le remplacent par *Soudjah*, dont il avait usurpé la couronne en 1810, et prennent *Ghizni* et *Caboul*, où ils mettent garnison.

2° Revers : Le roi expulsé soulève les Afghans, reprend ses villes et sa couronne, et massacre dans un défilé (1) la garnison anglaise de Caboul (17,000 h.), à laquelle il avait permis de se retirer (1841). Le docteur Brydon *seul* échappa.

3° Succès : *Dost-Mohammed* devient l'allié des Anglais et prend Hérat (1857). Eux-mêmes s'étaient rapprochés de la Perse par l'occupation de la vallée du Sind (1843).

1857 **Expédition des Russes contre Khiva.** — La route leur étant barrée par les Perses, les Russes prennent Khiva en 1857 pour venger leurs nationaux esclaves et vendus par les Khiviens, et pour s'avancer vers l'Inde par l'Oxus (2).

Les Anglais et la Chine. — Les Anglais transportaient annuellement de l'Inde en Chine pour *cent mil-*

(1) Voir *Atlas Drioux*, défilé de Kayber (Afghanistan).

(2) En 1866 ils prendront toute la vallée du Syr, pour châtier des brigandages, puis la Bouckharie, seule route de commerce avec la Chine occidentale. Un ukase de juillet (1867) a nommé un gouverneur général du Turkestan.

lions d'opium, payable en *numéraire seulement.* En 1837, l'empereur, alarmé de l'abus de l'opium et de l'exportation du numéraire, défendit ce commerce, qui continua par contrebande.

Guerre de l'opium (1840-1842). Trois expéditions :

Cause : 22,000 caisses d'opium venues en contrebande sont jetées à la mer à Canton, par ordre du Commissaire impérial Linn (juin 1839).

1re Expédition (1840) : Prise de *l'île de Chousan,* qui domine l'embouchure du Kiang ; 26 millions d'indemnité promis, puis refusés, d'où :

2e Expédition (1841) : Prise d'Amoy, de Ning-Po, de Tche-Kiang ; refus de négocier, d'où :

3e Expédition (1842) : Prise de *Shang-Haï,* fermeture du canal impérial dans le Kiang, d'où enfin :

Traité de Nankin (août 1842) : 1° Les cinq ports de *Shang-Haï, Ning-Po, Amoy, Fou-Tcheou* et *Canton* ouverts aux Européens (1).

2° Hong-Kong et 120 millions aux Anglais.

QUESTION XVI.

QUESTION D'ORIENT (1re PHASE).

Sympathie de la France pour le pacha d'Égypte (Méhémet-Ali). Cette sympathie était *due* à l'amitié de Méhémet pour les chrétiens, et surtout *à son extrême affection* pour la France, qu'il admirait : il envoyait des jeunes gens dans nos écoles, et faisait diriger ses établissements par des Français (Séves, Jomard, Perron, Prince, Clot-Bey, Mougel-Bey, Linant-Bey, etc.). Aussi faisions-nous des vœux pour qu'il obtînt l'empire héréditaire d'Égypte et de Syrie.

Rapprochement de l'Angleterre et de la Russie (1840). Les Égyptiens vainqueurs des Turcs, qui voulaient reprendre la Syrie (à *Nezib* près d'Alep, juin 1839), et maîtres de leur *flotte,* livrée par le capitan-

(1) Par le traité de Whampoa (rade de Canton), la France obtient la tolérance pour les chrétiens et se fait confirmer l'ouverture des cinq ports ci-dessus (oct. 1844).

pacha, à la mort de Mahmoud (juillet 1839), allaient franchir le Taurus. M. Caillé, aide de camp de Soult, les arrêta en leur promettant notre appui pour *l'hérédité des pachalicks d'Égypte et de Syrie*, et notre ambassadeur à Londres proposa hautement cette hérédité (1). *De là un rapprochement subit entre la Russie et l'Angleterre* pour *deux raisons* : 1° la Russie craint qu'un compétiteur puissant et musulman ne lui dispute le Bosphore ; 2° l'Angleterre ne veut pas qu'un Empire *ami de la France* coupe ses communications avec les deux routes de l'Inde, le *golfe Persique* et la *mer Rouge*, dont elle vient d'acheter la clef (Aden, 1839) (2). Elles se liguent avec l'Autriche et la Prusse contre les promesses françaises.

Traité de Londres (15 juillet 1840). Entre Angleterre, Prusse, Autriche, Russie (3). Elles offraient à l'Égypte trois choses principales, acceptables sous trente jours :

1° Administration *héréditaire* du pachalick d'Égypte, et *viagère*, de la Syrie au sud d'une ligne allant de Beyrouth à la pointe nord du Tibériade.

2° Abandon de l'Arabie, des villes saintes, de Candie et du district d'Adana, clef du Taurus.

Convention des détroits (13 juillet 1841) entre les cinq grandes puissances. Méhémet-Ali comptant sur la France, refuse d'acquiescer au traité de Londres. Alors les alliés bombardent et prennent *Beyrouth* (sept. 1840) et *Saint-Jean-d'Acre* (nov.). Mais la France, malgré ses armements et les fortifications de Paris, ne bougeant pas, Méhémet cède aux coalisés lorsque leur flotte arrive devant Alexandrie. Un hatti-shérif du Sultan (fév. 1841) règle définitivement la position de Méhémet, et les quatre puissances invitent la France à prendre part à la *convention* suivante, dite *des Détroits* :

« A l'avenir, en temps de paix, l'entrée des *deux détroits* des Dardanelles et du Bosphore est interdite à tout bâtiment de guerre, à moins d'une permission du sultan. »

(1) Cédés au traité de Kutaïef (V. n° XIV).

(2) C'était la politique de lord Chatam : « Avec un homme qui ne voit pas, disait-il, les intérêts de l'Angleterre dans la conservation de l'Empire Ottoman, je n'ai pas à discuter. »

(3) Le Tzar ne se rapproche de l'Angleterre que parce qu'il y voit l'occasion de rompre l'alliance anglo-française.

QUESTION XVII.

RÈGNE DE LOUIS-PHILIPPE (SUITE).

Résultats généraux du règne de Louis-Philippe : Les résultats ont été les leçons d'expérience et les améliorations générales comprises sous les *quatorze* rubriques suivantes :

1° Système électoral (200,000 électeurs). L'immense majorité, privée des droits politiques, s'attacha peu au gouvernement ; il en résulta sa chute, et l'on vit la nécessité d'étendre le système électoral (suffrage universel).

2° Fréquents changements de ministère (Douze de 1830 à 1848). L'impossibilité d'achever aucune entreprise commencée, à cause de la succession de ministres ayant souvent des idées contraires, discrédita devant un grand nombre le système de la *responsabilité ministérielle*.

3° Adoucissement de la loi pénale par l'abolition de la peine de mort pour délits politiques et crimes contre la propriété, et par l'admission de circonstances atténuantes.

4° Lois sur l'instruction primaire ordonnant à toute commune d'avoir une école gratuite pour les pauvres (M. Guizot, 1833).

5° Lois sur les travaux publics : Travail de moins de huit heures, et *seulement* pour les enfants de plus de huit ans dans les manufactures. Ordre de les envoyer à l'école jusqu'à douze ans (mars 1841).

6° Abolition de la loterie (1839), tentation dangereuse pour le pauvre.

7° Progrès de la liberté politique : Le peuple prend goût aux questions politiques et devient de plus en plus libéral.

8° Progrès de la liberté religieuse : Habitudes de tolérance dont le duc d'Orléans donne l'exemple par son mariage avec une protestante, multiplication des paroisses, la liberté des cultes devient une vérité.

9° Propagation des idées socialistes par les *Saint-Simo-*

niens (pas d'hérédité, à chacun selon ses mérites), par
Fourrier, père du Fourriérisme ou *socialisme* (phalans-
tères), par le *communiste* Proudhon (pas de propriétaires), par le socialiste Louis Blanc (égalité des salaires,
plus de concurrence) (1).

10° Développement de l'industrie : Au lieu des 2,500 machines de 1830, il y en a près de 5,000 en 1848 ; l'ex-
traction de la houille s'élève de 15 millions de quin-
taux à 50 millions.

11° Développement du commerce : Malgré le système protecteur que les censitaires étaient intéressés à maintenir. L'importation monte de 600 millions à plus d'un
milliard.

12° Loi sur les chemins vicinaux (1836) ordonnant leur
classement.

13° Loi sur les chemins de fer (1842) : Elle décrète la
construction d'un grand réseau (Nord, Ouest, Sud, Est,
Méditerranée, Grand-Central, Midi).

14° Progrès des sciences : Par les travaux de *Dumas*
(chimie), de *Babinet* (physique), de *Leverrier* (astronomie), d'*Elie de Beaumont* (géologie), de *Daguerre*, qui découvre la photographie sur verre (1839), de *Blanquart-
Evrard*, la photographie sur papier (1847), de *Ruoltz*,
qui applique la galvanoplastie à la dorure et à l'argen-
ture (1841).

**Politique extérieure. Attitude à l'égard des
puissances étrangères.** Être en paix avec l'Europe
et surtout avec l'Angleterre (système dit : *Paix à tout
prix*), de là :

1° Refus d'annexer la Belgique, abandon de Méhémet-
Ali et de Cracovie ;

2° A l'égard de l'Angleterre : Voyages de Victoria à
Eu (1843), du roi en Angleterre (1844), expéditions
communes à Madagascar, Buenos-Ayres, Uruguay, Paraguay ; droit de visite (1841-45) ; indemnité Prit-
chard (1843) ; rapatriement des cendres de Napoléon (1840).

(1) Les résultats ont été les *Journées de Juin* 1848, la crainte de la liberté de la presse et la défiance pour les faiseurs de theories.

Où le roi se montre indépendant : Occupation d'*Ancône* (1832) ; mariages espagnols (1846) et conquête de l'Algérie, malgré les intrigues anglaises.

Conquête de la plus grande partie de l'Algérie (sur Abd-el-Kader et le bey de Constantine).

Nos possessions d'Algérie en 1834 : 4 villes importantes : Alger, Oran, Bône, Bougie.

Six gouverneurs de 1834 a 1848 : D'Erlon, Clausel, Damrémont, Valée, Bugeaud, Aumale.

Première guerre contre Abd-el-Kader (1834-1837).

Cause : Abd-el-Kader, émir de Mascara, prêche la guerre sainte, prend *Arzew* et menace *Mostaganem*.

Lutte : *Arzew* délivrée, *Mascara* et *Tlemcen* prises (1836), victoire de la Sikkakh (Bugeaud, juillet 1836).

Résultat : Traité de Tafna (1837) ; il donne à *la France* les villes maritimes, la Métidja et le Sahel ; à *Abd-el-Kader*, l'intérieur des provinces d'*Oran*, d'*Alger*, de *Titery*. L'émir reconnaît notre souveraineté.

Contre le bey de Constantine (1836-1837).

Constantine fut prise le 13 novembre 1837, par le maréchal Valée et le duc de Nemours, après un échec en novembre 1836. (Audace du lieutenant colonel Lamoricière qui est blessé, le général Damrémont *tué*.)

Deuxième guerre contre Abd-el-Kader (1840-1847).

Cause : Inquiétude d'Abd-el-Kader après le passage des Portes-de-Fer par le duc d'Orléans parti en exploration de Bone et de Sétif pour Alger (1833). Il prêche la guerre sainte et demande l'appui du Maroc.

Lutte : Attaque de Mazagran (1840). L'émir traqué partout s'enfuit au Maroc après la prise de sa Smala et de ses villes (1842-43). Les Marocains gagnés par lui sont battus à Isly (août 1844), tandis que Joinville bombarde Tanger et Mogador (août).

Résultat : Chassé du Maroc, cerné en Algérie par quatre colonnes, Abd-el-Kader se rend à Lamoricière (Décembre 1847).

LA RÉPUBLIQUE DE FÉVRIER ET L'EUROPE.
(1848-1852).

QUESTION XVIII.
RÉVOLUTION DE 1848.

Révolution de février 1848 (22, 23 et 24 février).

CAUSES IMMÉDIATES : Demandes de réformes (abaissement du *cens électoral*, exclusion des fonctionnaires de la Chambre) toujours repoussées par la majorité ; interdiction du *banquet* réformiste du XIIe arrondissement ; coup de *pistolet* sur un poste de soldats (boulevard des Capucines, pendant l'illumination pour fêter la chute du ministère Guizot).

LUTTE (dans Paris).

LE 22 FÉVRIER : La foule proteste, par des cris : A bas Guizot ! contre l'interdiction du banquet réformiste du XIIe arrondissement.

LE 23 FÉVRIER : Renvoi du ministère Guizot, qui est fêté par des illuminations ; un bataillon de soldats tue ou blesse cinquante-deux personnes pour répondre à un coup de pistolet venu d'un groupe de promeneurs.

LE 24 FÉVRIER : Insurrection générale pour venger les victimes de la veille. Elle demeure victorieuse après la prise du Château-d'Eau, du Palais-Royal et des Tuileries, Bugeaud n'ayant pas eu l'ordre d'user de la force. Le roi abdique en faveur du comte de Paris, mais la foule refuse de l'accepter.

Gouvernement provisoire (du 24 février au 4 mai 1848). — Établi sur la motion de Ledru-Rollin, il fut composé de Lamartine, Arago, Carnot, Ledru-Rollin, Marie, Garnier-Pagès, Crémieux, Dupont (de l'Eure), auxquels on dut ajouter Albert, l'ouvrier, et Louis Blanc.

Il décréta trois choses principales : l'établissement de la *République*, du *suffrage universel* et des *ateliers nationaux*.

Proclamation de la République (25 février), sans consulter le pays. Lamartine empêche d'arborer le drapeau rouge.

Suffrage universel (5 mars) :
Devait être *électeur tout* Français de vingt et un ans, éligible tout Français de vingt-cinq.

Explosion des idées communistes (1) :
Communistes et socialistes demandent qu'on applique leurs théories (mise des biens en *commun, association des travailleurs*). Ils les développent dans les clubs et les journaux, et les font adopter des ouvriers.

Arrêt subit du travail. — Les ouvriers, surexcités par les sectaires, refusent de travailler avant qu'il y ait une nouvelle organisation du travail ; plus de marchandage ; plus de patrons. On charge de cette organisation Émile Thomas, professeur d'économie rurale à l'Athénée.

Ateliers nationaux (26 et 27 février) :
Ouvriers divisés en *services* de 2,400 hommes ; les *services* subdivisés en *compagnies, lieutenances, brigades* et *escouades.*

Chefs de la *brigade* et de l'*escouade* ÉLECTIFS ; mais les chefs *supérieurs* nommés par l'État. Les ouvriers non employés touchent leur solde. Tous sont travaillés par les *clubistes*, et surtout par M. *Louis Blanc*, qui leur expose ses théories au Luxembourg ; 100,000 ouvriers sont ainsi à la disposition des meneurs ; de là :

1° ATTENTAT DU 15 MAI, dirigé par Raspail, Barbès et Blanqui, pour dissoudre l'*Assemblée constituante*, trop modérée au gré des meneurs (2). Bedeau cerne et prend les chefs.

2° JOURNÉES DE JUIN (Sur un demi-cercle allant du clos Saint-Lazare au Panthéon, par les boulevards).

CAUSE : Les ateliers, ayant refusé d'aller travailler en province, sont dissous ; ils s'insurgent (23 juin).

PLAN DE CAVAIGNAC : Secourir les plus pressés et pour cela conserver les communications entre son quartier général qui est à la *Présidence de l'Assemblée* et ses trois

(1) Voir n° XVII.
(2) Louis-Napoléon, Thiers et Changarnier sont élus à la place des trois chefs de l'attentat.

généraux ainsi échelonnés : Lamoricière aux faubourgs *Poissonnière,* du *Temple,* etc.; Bedeau (puis Duvivier, puis Négrier), au centre, *à l'Hôtel-de-Ville*; Damesme (puis Bréa), au *Panthéon.*

LE 24 JUIN : prise du Panthéon, assassinat de Bréa; les généraux Damesme, Duvivier et Négrier blessés.

LE 25 JUIN : Mort de l'archevêque, à l'entrée du faubourg Saint-Antoine.

LE 26 JUIN : Prise du faubourg Saint-Antoine, cerné aux deux bouts par les généraux Lamoricière et Perrot.

Cavaignac demeure chef du Pouvoir exécutif jusqu'en décembre.

Élection du 10 décembre (1848) :

Le prince Louis-Napoléon est élu *président de la République* pour *deux ans* par 5 millions de suffrages sur 7 millions.

Le prince Louis-Napoléon président de la République (1848 à 1852, décembre à décembre).

Cette période de quatre ans est marquée par six faits principaux :

1° RESTRICTION DU SUFFRAGE UNIVERSEL aux seuls citoyens payant une contribution personnelle et la prestation en nature (loi du 31 mai 1849).

2° SIÉGE DE ROME (du 2 juin au 3 juillet 1849) pour y rétablir le pape, retiré à Gaëte (1); d'où émeute du 13 juin, conduite par Ledru-Rollin et vaincue par Changarnier, qui coupe les insurgés au Château-d'Eau et à l'entrée de la rue de la Paix.

3° DESTITUTION DU GÉNÉRAL CHANGARNIER (janv. 1851), commandant de l'armée de Paris, à cause de son opposition systématique contre le Président et d'un ordre du jour visiblement hostile à Louis-Napoléon.

4° SCISSION ENTRE LE PRÉSIDENT ET LA CHAMBRE. Elle refuse d'augmenter le traitement du Président qu'elle soupçonne de ne pas être républicain, et demande en vain le droit de requérir la force armée (août et novembre).

5° COUP D'ÉTAT DU 2 DÉCEMBRE (1851) pour dissoudre la Chambre, d'où présidence décennale et rétablissement

(1) V. Quest. XIX.

de la Constitution de l'an viii et du suffrage universel.

6° VOYAGES DU PRÉSIDENT dans le Centre, le Midi et l'Ouest (1852).

QUESTION XIX.

CONTRE-COUP DES JOURNÉES DE FÉVRIER EN EUROPE.

Contre-coup des journées de Février (Vallée du Danube, Allemagne et Italie). — Le contre-coup se fait sentir dans l'ordre et dans les trois mois suivants (1) :

1° EN MARS, à Vienne (13), Milan (17), Berlin (18), Venise (20), Allemagne, Hollande et Belgique (20).

2° EN JUIN, à Bucharest (23).

3° EN NOVEMBRE, à Rome.

A Vienne (trois émeutes en 1848) :

1° ÉMEUTE DU 13 MARS (étudiants) : A la nouvelle de celle de Paris ; expulsion de Metternich et promesse d'une constitution, qui paraîtra le 25 avril sur le modèle de celle de Belgique.

2° ÉMEUTE DU 16 MAI (étudiants organisés en légion académique) : On exige une assemblée représentative, élue par le *suffrage universel*, et une constitution délibérée par elle (adhésion et fuite de l'Empereur).

3° ÉMEUTE DU 6 OCTOBRE (trois jours de barricades) : Pour empêcher qu'on n'envoie des troupes à l'armée Croate en marche contre les Hongrois : bombardement et prise de Vienne (30 octobre) ; abdication de l'empereur en faveur de François-Joseph, son neveu (2 déc. 1848) (2).

A Milan (17 mars) : A la nouvelle de l'émeute de Vienne, le gouverneur autrichien Radetzki est chassé et se retire dans le Quadrilatère.

A Venise (20 mars) : Autrichiens chassés et république proclamée par Manin.

A Rome (novembre 1848) : Rossi, premier ministre du pape, est poignardé en allant ouvrir un parlement qu'il avait réuni (15 nov.). Les agitateurs s'emparent du pouvoir ; fuite de Pie IX à Gaëte (24 nov.) ; Suffrage

(1) En 1850 tout autour de la France ; en 1848 à l'*Est seulement*.
(2) Juste *quatre ans* avant Napoléon III.

universel et république proclamés à Rome par le parlement romain (9 fév. 1849).

A Berlin (18 mars) : A la nouvelle des troubles de Vienne, le peuple impose une constitution libérale. Assemblée constituante (réunie en mai, dissoute en décembre 1848).

A Francfort (31 mars) : La Bavière et toute l'Allemagne avaient subi le contre-coup de notre révolution, et Francfort vit se réunir dans son sein les *deux* premières assemblées du nouvel empire germanique :

1° Assemblée des Notables de tous les États allemands (31 mars, Vor Parlament), à l'instigation de 51 citoyens réunis à Heidelberg. Son but est d'organiser l'unité allemande ; elle décrète l'élection d'un parlement germanique par le *suffrage universel*, et d'un chef fédéral avec des *ministres responsables*.

2° Parlement germanique (18 mai), président : Gagern. On offre la couronne impériale au roi de Prusse, qui fait une réponse évasive (mars 1849). Alors l'Autriche et ses amis rappellent leurs députés, et le parlement réfugié à Stuttgard se dissout en mars 1849.

En Hongrie (1848-49). Les Hongrois avaient obtenu une Diète nationale et un ministre en mars 1848.

Le 27 septembre, ils tuent à Bude l'Autrichien Lamberg, qu'on leur impose pour les conduire contre le ban des Croates Jellachich, qui ne voulant plus faire partie de la Hongrie, marche contre elle à l'instigation secrète de l'empereur. La diète *nationale* est dissoute, et la lutte commence :

Le 29 septembre : Ils battent Jellachich à Pakosd près du Balaton ; mais il les bat à son tour sous les murs de Vienne insurgée qu'ils veulent secourir (oct.).

Le 29 septembre de l'année suivante, après la défaite de Temesvar (août) et la capitulation de Georgey à Vilagos (août), ils font leur soumission au Russe Paskiewitch appelé au secours de l'Autriche, dont le président de la Diète, Kossuth, les avait déclarés affranchis. Elle avait été envahie par cinq armées à la fois.

Dans les principautés danubiennes (23 juin). Les

Valaques forcent l'hospodar Bibesco à leur donner une constitution libérale, puis le déposent. Les Russes rétablissent le despotisme.

L'Autriche à Novare (23 mars 1849) (1). Charles-Albert, roi de Piémont, chef des volontaires italiens, avait battu Radetzki au pont de Goïto, près Peschiera (mai 1848); mais tout à coup Pie IX et le roi de Naples désavouent ou rappellent leurs volontaires (juin); les Vénitiens et Durand laissent passer les renforts autrichiens venus par l'Est. Charles-Albert, abandonné d'un grand nombre, est vaincu à *Custozza* (juillet 1848), et le Milanais repris : forcé par la chambre de recommencer la guerre, il est battu de nouveau à *Novare* (mars 1849), et il abdique en faveur de Victor-Emmanuel II.

Résultat : Rétablissement de la domination autrichienne, même sur Venise, malgré la belle défense de Manin et d'Ulloa (août 1849).

Occupation de Rome par la France (3 juillet 1849). Le général Vaillant, après un mois de siége, sur la rive droite du Tibre, s'empara de Rome sur Garibaldi et Mazzini ; et le pape y rentra le 4 avril 1850 sous la protection d'une *garnison française*, qui a quitté Rome en 1866, aux termes de la *Convention de septembre* 1864 : Victor-Emmanuel s'est engagé à faire *respecter le territoire actuel du Saint-Siége.*

NAPOLÉON III ET SON TEMPS.

(1852).

QUESTION XX.

RÈGNE DE NAPOLÉON III A L'INTÉRIEUR.

Rétablissement de l'Empire (2 décembre 1852). L'Empire fut rétabli par un sénatus-consulte du 7 novembre 1852 ; accepté le 21 et le 22 novembre par 8 millions de suffrages ; proclamé le 2 décembre ; reconnu par toute l'Europe. (Le 30 janvier, mariage de l'empereur.)

---

(1) L'appel de Charles-Albert aux Italiens est du 23 *mars* 1848, sa dernière défaite du 23 *mars* 1849.

Napoléon III et la nouvelle Constitution (1).

1° L'empereur a le pouvoir exécutif, et une partie du pouvoir législatif; il désigne son successeur dans la famille de Jérôme Napoléon, à défaut d'héritier mâle ; sa liste civile est de 25 millions.

2° Le Conseil d'État prépare les projets de loi.

3° Le Corps législatif, élu par le suffrage universel pour six ans, discute et vote les lois et l'impôt. Il y a un député pour 35,000 électeurs.

4° Le Sénat sanctionne les lois lorsqu'il reconnaît qu'elles ne sont pas contraires à la constitution, à la morale, à l'égalité, à l'inviolabilité des juges, etc. (il est composé de 150 membres nommés à vie, non compris les membres de droit (cardinaux, amiraux, maréchaux).

Satisfaction donnée aux besoins généraux du pays et aux intérêts populaires : Les principaux

de ces intérêts étaient le *besoin de secours, de travail, de capitaux, d'abondance, d'instruction* : le gouvernement impérial y a pourvu par les mesures suivantes, moyen le plus sûr de prévenir les émeutes socialistes :

1° Institutions de bienfaisance (pour tous les âges) : *Crèches, Asiles, Orphelinat du Prince Impérial, Lois protectrices des Apprentis,* pour les enfants; *Logements* sains et à bas prix (Cités ouvrières de Mulhouse), *Asiles de Vincennes* (convalescents et blessés), du *Vésinet* (convalescentes), *Sociétés de Secours Mutuels* et Caisses de retraites de la vieillesse reconstituées, pour *les hommes faits ; Médecins* cantonaux avec *Pharmacies* gratuites, pour tous les âges.

2° Impulsion donnée aux travaux publics (ce qui assure du travail aux ouvriers).

Embellissement des villes : boulevards et grandes rues, constructions et restaurations de toute sorte à Paris; Lyon, Marseille, Rouen, Nîmes, Arles, etc.

Achèvement du réseau de chemins de fer voté sous Louis-Philippe ; en 1852, il n'y a que 6,000 kilomètres en exploitation, plus de 20,000 en 1862 (14,000 en dix ans).

(1) La Constitution a été modifiée ; droit *d'adresse et ministres sans portefeuille* en 1860; en 1867, adresse remplacée par *l'interpellation.*

Routes et canaux innombrables, pas un bourg sans routes carrossables ; *Travaux dans les ports*, etc.

8° Encouragements a l'agriculture : *Établissement de douze concours* régionaux annuels de sept départements chacun et de sept cent cinquante comices agricoles ; desséchement de la Sologne ; reboisement des montagnes ; cent millions offerts en prêt pour drainage (1856).

4° Encouragements a l'industrie : Expositions universelles de 1855 (20,000 exposants) et 1867 (60,000 exposants).

5° Encouragements aux arts : Expositions annuelles de tableaux et de statues ; distinctions honorifiques aux artistes.

6° Institutions de crédit (sur toute espèce de garanties).

Crédit foncier (hypothéquant sur immeubles, 1852);

Crédit mobilier, prêtant sur valeurs mobilières.

Crédit agricole et crédit des halles annexés au crédit foncier.

Caisse de la boulangerie (1852); pour ne pas changer ses prix, le boulanger rembourse dans les années d'abondance ce qu'on lui avance en temps de disette.

Société du Prince-Impérial, prêtant aux travailleurs, sans hypothèques (1862) ;

Crédit colonial, commercial, etc.

7° Liberté commerciale (1) (garantie contre les disettes et les monopoles). Préparée par Cobden, elle a été inaugurée dans un traité du 22 janvier 1860 sous les auspices de Napoléon III : nos objets *manufacturés* sont admis en franchise par l'Angleterre, nos *spiritueux* payent 22 francs au lieu de 158 par hectol. à l'entrée ; les marchandises *anglaises* peuvent entrer en France moyennant un droit *non supérieur* à 25 p. %o (c'est la *prohibition* remplacée par la *protection*). Mêmes traités avec les autres pays limitrophes. Suppression de *l'échelle mobile* (mai 61) (2).

8° Instruction publique, liberté de l'enseignement (multiplication des Ecoles). Tout Français de vingt et un ans peut enseigner s'il a un brevet ; il peut l'obtenir sans avoir passé par des écoles spéciales (loi du 15 mars 1850).

(1) Application du système de Smith. (Voir Quest. II.)
(2) *Exportation libre* du blé ; *importation* soumise à un droit de 0,50 par 100 kilogr. pour les navires français et 1 fr. pour les navires étrangers.

QUESTION XXI.

**Politique du czar Nicolas à l'égard de la
France depuis 1830**. Extrême froideur avec la
France, réponse hautaine faite à la notification de l'a-
vénement de Louis-Philippe; demande d'explications
avant de reconnaître Napoléon III; tendance à combattre tout ce qui nous était sympathique (Méhémet-
Ali, Polonais, Hongrois, etc.); et à nous isoler, surtout
de l'Angleterre.

Influence du Czar sur l'Allemagne : Par les *mariages de ses enfants* et par le *sien*, il était maître de l'Allemagne et de la Prusse, aimé de l'Autriche pour
l'avoir secourue en Hongrie.

Ses efforts pour dénationaliser («*russifier*») **la
Pologne :** Après avoir déporté 5,000 Polonais dans
le Caucase, confié toute l'administration à des Russes,
supprimé les douanes à la frontière russe, il défendit la
monnaie, la législation, la langue et même la religion
polonaises. Il avait ouvert au culte grec la moitié des
églises catholiques.

Ses projets sur Constantinople : Les aspirations
russes se résument à ces deux mots : *Panslavisme* et
Panhellénisme. Nicolas, comme le prouvent les traités
d'Andrinople (1829) et d'Unkiar-Skelessi (1833), n'at-
tendait que l'occasion d'éclater. Elle se présenta en
1852 à propos de la question des Lieux-Saints, vidée
par la restitution aux Latins des *neuf* sanctuaires usur-
pés par les Grecs en Terre-Sainte.

Guerre de Crimée (1855-56, prise de Sébastopol).

Cause : Le Czar veut être reconnu comme protecteur des
onze millions de Grecs sujets de la Porte (1); refus du
sultan et rejet d'un *ultimatum* de Mentchicoff (mai et

(1) Il prétendait que dans la question des Lieux-Saints, réglée à l'amiable
avec M. Lavalette (janvier 1852), on n'avait pas rendu justice aux Grecs ses
protégés.

juin 1853). Les Russes passent le Pruth sans déclaration de guerre (3 juillet), et la flotte anglo-française, les Dardanelles. Enfin, le Russe Nachicoff incendie la flotte turque ancrée à Sinope et la moitié de la ville (30 nov.), ce qui amène les amiraux Dundas et Hamelin dans la mer Noire (janv. 1864).

Lutte sur cinq points, Turcs, Anglais, Français, puis Piémontais contre Russes.

1° Mer Noire :

Autour de Sébastopol (1854-55 sept. à sept.). *Septembre* 1854 : les Anglo-Turco-Français débarquèrent à *Eupatoria* (14); bataille et passage de l'*Alma* (Angl.-Franç., 20). — *Siège de Sébastopol* par le sud (les Français à Kamiesch près la mer, les Anglo-Turcs à leur droite, à Balaclava). — *Octobre* : *Balaclava* (Anglo-Turcs, le 25), *Inkerman* (Anglo-Franç., 5 nov.). *Juin* 1855 : 1er assaut de Malakoff (17); *Traktir* sur la Tchernaïa (Franco-Sardes, 16); *Septembre* : 2e assaut et prise de Malakoff et du sud de Sébastopol (8 sept.).

Littoral : prise ou bombardement de *Taganrog*, *Kertch*, *Iénikalé*, *Kinburn*, *Otchakoff*, *Odessa*.

2° Turquie d'Asie : Prise de Kars par les Russes sur l'héroïque William Fenwick (1855).

3° Baltique : Prise de Bomarsund et des îles d'Aland (16 août 1854) par les Anglo-Français.

4° Mer Glaciale : destruction de Kola (Laponie, 1854).

5° Côte de Sibérie : prise de Petro-Paulawski en Kamtchatka (mai 1855).

Convention avec la Suède (21 novembre 1855). Elle s'engage à ne céder aucune partie de son littoral (*qui ne gèle pas*) à la Russie, pour l'enfermer dans les glaces.

Congrès de Paris (25 février 1856). L'Autriche menaçant d'entrer en lice, la Russie accepte un congrès à Paris. La France, l'Angleterre, le Piémont, la Russie, la Turquie et l'Autriche y sont représentées ; elles concluent le traité suivant :

Traité de Paris (30 mars 1856). La Russie renonce :
1° A avoir des vaisseaux de guerre et des arsenaux dans la mer Noire ;
2° A tout protectorat sur les principautés danubiennes ;
3° Aux bouches du Danube, qui sont ouvertes à l'Europe ;
4° A toute fortification dans les îles d'Aland.

Nouveaux principes du droit des gens (posés par le congrès de Paris) : Plus de corsaires ; le pavillon neutre couvre la marchandise ennemie ; les blocus ne sont obligatoires que s'ils sont effectifs (1).

Expédition de Syrie (août 1860).

Cause : Les Druses (musulmans du Liban) et des soldats Turcs massacrent à Saïda, à Déir-el-Kamar, à Beyrouth, les Maronites (chrétiens) et quelques jésuites français, dont le père Billotet. Six mille chrétiens sont aussi égorgés à Damas (20 juin 1860) malgré les efforts d'Abdel-Kader qui en sauve 12,000. Sept mille Français débarquent à Beyrouth, sous le commandement de Beaufort d'Hautpoul, rétablissent l'ordre (août), font châtier les coupables et occupent la Syrie jusqu'au 5 juin 1861. Alors une Commission européenne fait établir à Déirel-Kamar un *gouverneur* chrétien avec un *Conseil mixte* de douze membres et une *milice* locale.

Canal de l'isthme de Suez (150 kil. avec les courbes) : Le diplomate, M. de Lesseps, obtient du vice-roi Saïdpacha, son ami, en nov. 1854 et en janv. 1866, l'autorisation d'ouvrir le canal de Suez. Les travaux ont commencé le 25 avril 1859 avec deux cent millions de capital (2). Mais ce n'est qu'en 1863 que la Porte, arrêtée par l'Angleterre, a donné son assentiment.

---

(1) Ces principes ne sont pas acceptés de toutes les puissances, notamment des États-Unis.
(2) Ils doivent être terminés en dix ans (59 à 69).

QUESTION XXII.

GUERRE D'ITALIE (SUITE DU RÈGNE DE NAPOLÉON III).

Rôle du Piémont et de l'Autriche durant la guerre de Crimée: L'*Autriche* mécontente tout le monde par sa conduite équivoque et demeure sans amis ; le *Piémont* s'allie avec la France et l'Angleterre, et on l'admet au Congrès de Paris. Il y gagne l'affection de ses deux alliées et de tous les Italiens. VERDI (*initiales* de Vittorio Emmanuele Re d'Italia), devient dès lors le mot de ralliement de tous les Italiens, même des Républicains, sauf Mazzini.

Les Autrichiens envahissent le Piémont (29 avril 1859).

CAUSE : Les Autrichiens passent le Tessin, 29 avril 59. La *sympathie* témoignée aux plaintes de Cavour, lors du congrès de Paris, son *entrevue* avec Napoléon III à Plombières (sept. 58), le *Discours du 1er janvier* où l'Empereur se déclarait hautement pour l'Italie, le *mariage* du prince Napoléon avec la princesse Clotilde, le vote par acclamation d'un *emprunt* pour armer, l'*Alliance* du Piémont avec les révolutionnaires et l'affluence des volontaires, avaient alarmé l'Autriche. Aussi avait-elle *accumulé* troupes et munitions sur les frontières piémontaises, puis *sommé* Victor-Emmanuel de désarmer sous trois jours : refus de celui-ci, d'où passage du Tessin par Giulay.

LUTTE : (les Français entrent par Suse et par Gênes).

ITALIE :
- A DROITE : Le *prince Napoléon* s'avance à travers la Toscane ;
- A GAUCHE : *Garibaldi* va jusqu'à Bergame.
- AU CENTRE : Les cinq victoires de *Forey* à *Montebello* (20 mai), des *Piémontais* à *Palestro* (30 mai), de l'*Empereur* et de *Mac-Mahon* à *Magenta* (4 juin), de *Baraguey-d'Hilliers* à *Malegnano* (8 juin), nous livrent la Lombardie, où les Autrichiens sont empêchés de rentrer par la victoire de *Solferino* (24 juin). Passage du *Mincio* (29 juin).

Paix de Villafranca (12 juillet). Les sourdes menaces de la Prusse et les agitations révolutionnaires en Italie la font conclure : Trois clauses principales :

1° Lombardie, entre Tessin et Mincio, cédée aux Français qui la remettent au Piémont.

2° Restauration des princes (de Parme, Modène, Toscane) réfugiés près des Autrichiens ;

3° Confédération italienne, dont la Vénétie et tous les États de la Péninsule feront partie. Le pape sera président.

Traité de Zurich (10 novembre). On y ratifie la paix de Villafranca.

Formation du royaume d'Italie (mars 1860 à mars 1861) :

Au Nord, malgré les clauses de Villafranca, les duchés votent la déchéance de leurs ducs, et les légations celle du Pape, puis leur annexion au Piémont.

Au Sud, Garibaldi débarque à Marsala (29 mai 1860), bat les *Royaux* à *Cotalafimi* et à *Milazzo*, délivre la Sicile révoltée, puis Naples (7 septembre). Là il annonce qu'il va marcher sur Rome, défendue par Lamoricière et ses volontaires, que Cialdini, général piémontais, défait à *Castelfidardo* (18 sept.). Les Piémontais ayant achevé eux-mêmes par la prise de Capoue et de Gaëte la conquête du royaume de Naples, VICTOR-EMMANUEL EST PROCLAMÉ ROI D'ITALIE PAR LE PARLEMENT (14 mars 1861). Bientôt Garibaldi reprendra sa marche sur Rome, mais il sera blessé et pris par les Piémontais à Aspromonte près Reggio (août 1862).

Annexion à la France de Nice et de la Savoie (24 mars 1860). — L'Empereur n'avait consenti à l'annexion des duchés et des légations à la Sardaigne qu'à la condition d'avoir la frontière des Alpes (Nice et Savoie).

Agitations en Allemagne. — Elles sont excitées par nos victoires sur l'Autriche. L'Allemagne veut intervenir, mais la Prusse tergiverse.

Antagonisme séculaire entre la Prusse et l'Autriche. — Cet antagonisme était le résultat de la prétention de l'Autriche et de la Prusse à reconstituer l'*unité* de l'Allemagne, chacune à son profit.

LA PRUSSE *a failli réussir* deux fois dans ces derniers temps (en 49 et 59) :

1° EN 1849, par le choix même du *Parlement Allemand*, qui lui offre l'Hégémonie : L'Autriche y met obstacle ;

2° EN 1859, en exigeant comme *prix de son intervention* en faveur de l'Autriche le *commandement suprême et perpétuel* des forces fédérales : Mêmes entraves de la part de l'Autriche, et réformes libérales (1) de cette dernière pour gagner les Unitaires et le Nationalverein attachés à la Prusse.

LA PRUSSE *a réussi*, en 1866, grâce aux Italiens, au fusil à aiguille et aux menées de M. de Bismark.

CAUSE DE LA GUERRE DE 1866 : La Prusse *veut garder le Sleswig et le Holstein* enlevés par elle et l'Autriche au Danemark, qui les avait détachés de la Confédération (1864).

LUTTE : (En Hanovre, Hesse, Bohême et Vénétie).

Prussiens vainqueurs des *armées fédérales* en Allemagne et des *Autrichiens* en Bohême, à Sadowa (3 juillet 1866).

Italiens battus à *Lissa* (20 juillet) et à *Custozza* (26 juillet).

PAIX DE PRAGUE : (23 août 1866).

1° A la Prusse, ce qu'il lui faut pour *rectifier* ses frontières ; mais restitution au Danemark du Nord du Sleswig (art. 4).

2° A l'Italie, la Vénétie jusqu'à l'Isonzo.

QUESTION XXIII.

Progrès de l'influence des nations européennes dans le reste du monde. — Cette influence s'est étendue par la multiplication des lignes de paquebots anglais et français, qui relient toutes les colonies et tous les pays du monde à l'Europe, et des lignes télégraphiques continentales et commerciales, par l'ac

---

(1) *Deux Chambres* pour les affaires d'intérêt général ; des *Diètes* dans les provinces pour les affaires locales ; des ministres responsables.

croissement et la liberté du commerce, l'établissement de nouvelles relations amicales (Chine, Japon, Cambodge, etc.), et surtout par la suppression du pacte colonial.

Prospérité des établissements hollandais. — Ils renferment près de 20 *millions d'habitants*. L'État est *seul propriétaire* du sol, et a droit au travail des indigènes. L'exportation annuelle est de 260 *millions*. L'industrie indigène suffit à la population. (Chemin de fer à Java, machines à vapeur.)

Prospérité des colonies anglaises. — Elles ont une population de *plus de 220 millions d'habitants*, et 15 *millions de kilomètres* carrés (1). Il en sort annuellement 55,000 *navires*, exportant, de l'Inde seule, pour deux milliards de produits. Mais cette prospérité a été un instant troublée par la *révolte des Cipayes* (Jacques Cipaye ou Babalog, *cher enfant*, 1857). Provoquée par les exactions anglaises, par les intrigues de la Russie pendant la guerre de Crimée, par le bruit qu'on allait embarquer les indigènes, par une prédiction limitant à cent ans la domination anglaise (1757-1857), elle éclate à Meerut, près de Delhy, à propos de cartouches enduites de graisse (2) et remises aux Cipayes. Massacre de 120 Anglaises et de leurs enfants à Cawnpore. Lawrence, avec les Siks, ennemis des Cipayes, Campbell, illustré à l'Alma, et Havelock compriment l'insurrection.

Position des Anglais dans l'Inde depuis la guerre des Cipayes. — L'issue de cette guerre y a doublé leur influence morale, et assuré leur domination ; car, la compagnie ayant été supprimée, la métropole gouverne directement sans violence, et avec des troupes européennes. Il y a un *Ministre* des Indes assisté d'un *Comité consultatif*. Mais l'Inde est réduite *exclusivement* à la production des matières premières, et surtout du *coton*. (Chemin de fer de Calcutta à Lahore et de là à Madras).

Les Russes dans l'extrême Orient. — Libres de trafiquer avec la Chine, par Kiakta, depuis 1798, les Russes ont obtenu, en 1860, le droit de faire le

(1) La Grande-Bretagne n'en a que 510,000.
(2) La religion de Brahma défend l'usage de la graisse de *vache*; celle de Mahomet, de la graisse de *porc*.

commerce sur tous les points du Céleste-Empire. — Ils se sont étendus jusqu'à l'Amour et jusqu'à la Corée, le long du littoral, où ils ont construit les ports de Nicolaïef, Alexandrousk et Constantinousk (1) et jusqu'au Caboul par le Turkestan. Ils enveloppent donc les trois quarts de la Chine.

Tentatives des puissances pour ouvrir le Japon et la Chine. — Ces tentatives, qui ont réussi, ont été faites par la France, l'Angleterre, la Russie et les États-Unis. Le Japon a ouvert les ports de *Nangasaki*, *Osaka* et *Kanagawa*, aux États-Unis, aux Anglais, aux Russes, aux Français, aux Hollandais, à partir de 1854. Mais il a fallu user de contrainte à l'égard de la Chine, qui voulait bien *vendre* mais ne pas *acheter*.

Prise de Pékin par une expédition anglo-française (22 octobre 1860) :

1ʳᵉ EXPÉDITION : Le nouvel empereur refusant de reconnaitre les traités conclus après la guerre de l'opium, martyrise les missionnaires français Vachal (1851) et Chapdelaine, et le vice-roi *Yeh ferme Canton* (2). Les Anglo-Français prennent Canton (29 octobre 1857), et vont dans le Peï-Ho, rivière de Pékin, dicter les traités de Tien-Tsin (juin 1858) : L'Amour était cédé à la Russie, le fleuve Bleu et les anciens ports ouverts au commerce.

2ᵉ EXPÉDITION : Lord Elgin et le baron Gros reviennent au bout d'un an, comme c'était convenu, avec la ratification des traités. Le Peï-Ho leur est fermé ; de là une nouvelle expédition, qui amène la prise de Pékin (22 octobre 1860) après la victoire de Grant et de Cousin-Montauban à Palikao. Les anciens ports sont définitivement rouverts, et des *consuls* admis à Pékin.

Conquête par la France de la Basse-Cochinchine (1858-62) :

CAUSE : Insulte faite au vaisseau *le Catinat*, à Tourane (1856) ; martyre de missionnaires français et espagnols (Mgr Diaz, 1857).

— RIGAULT DE GENOUILLY prend Saïgon (fév. 1859).

(1) Du nom de Nicolas, et de ses deux fils, Alexandre et Constantin.
(2) Voir n° XV.

— Charner prend Mytho (avril 1861).

— Bonard prend Bien-Hoa (décembre 1861), et force Tu-Duc à la paix, en bloquant la rivière de Hué.

Résultat : 1º Saïgon, Bien-Hoa, Mytho et les îles Poulo-Condor à la France (1);

2º Indemnité, ouverture de *trois ports* du Tonkin et tolérance religieuse.

Nouveau système colonial. — Les colonies anglaises et françaises jouissent de la liberté du commerce, et l'esclavage y a été aboli en 1832 par l'*Angleterre*, en 1848 par la *France*, en 1859 par la *Hollande*. Antérieurement à 1860 les colonies ne *pouvaient* commercer qu'avec la Métropole.

Le travail libre et le travail esclave. — Le travail libre *coûte moins* que le travail esclave, et les *coolies*, travailleurs libres, enrôlés pour cinq ans dans l'Inde et en Chine, sont plus actifs et plus intelligents que les nègres (2). Le travailleur libre a l'espoir d'améliorer sa position, il travaille davantage.

QUESTION XXIV.

AMÉRIQUE (ÉTATS-UNIS ET MEXIQUE).

Rapide essor de l'union américaine :

En 1789 : 13 États et 4 millions d'habitants.

En 1867 : 38 États et 7 territoires (3); 34 millions d'habitants, dont 4 millions de nègres.

Ses causes (deux principales) :

1º Émigrants attirés par les mines ou par les terres que l'on donne, et par l'assurance d'une entière liberté religieuse (4).

2º Absence d'ennemis à combattre, annexions faciles et fréquentes.

Découverte des gîtes aurifères de la Californie et de l'Australie :

(1) On vient de pousser jusqu'au golfe de Siam par la conquête des *trois nouvelles* provinces de Vinh-Long, de Chau-Doc et de Hatien.

(2) Il y a déjà 60.000 coolies ou *jaunes* à la Réunion seulement.

(3) Un territoire devient État quand il a plus de soixante mille habitants.

(4) Plus d'un million d'émigrés irlandais seulement, de 1814 à 1851.

Les gîtes de la Californie, découverts en 1848, produisent encore 400 millions par an. Ils ont rapporté déjà 4 milliards.

Les gîtes de l'Australie, découverts en 1851, produisent près de 300 millions. Ils ont rapporté près de 3 milliards.

Effets de l'abondance de l'or en Europe :

1° Dépréciation de ce métal. (Depuis quinze ans, plus de 5 milliards de pièces d'or frappées en France.)

2° Élévation du prix des objets de consommation.

3° Multiplicité des échanges, des travaux, des institutions de crédit.

Guerre entre les États du Nord et du Sud
(avril 1861 à avril 1865) :

Cause : Le *Sud esclavagiste* (1) ne veut pas, comme président, l'*abolitioniste Lincoln*, élu en novembre 1860. Dix États se séparent du Nord, et nomment l'*esclavagiste Jefferson Davis*. Montgomery et plus tard Richemond, près Washington, capitales du Sud.

Guerre entre le Sud et le Nord.
Plan de Lincoln : bloquer et *resserrer* les Sudistes autour de Richmont et couper leurs communications. Il fait donc occuper dans ce but :

1° La Mer (prise de la Nouvelle-Orléans, de Mobile, Savannah, Charleston ; victoire du Monitor sur le navire sudiste Merrimac, dans la rivière James) ;

2° Ligne du Mississipi (prise de Cairo, de Wicksbourg, d'Hudson (2) ;

3° Lignes des Montagnes (prises des passages, d'Atlanta, de Màcon, etc.) ;

4° Vallée du Shenandoah et villes de Lynchsbourg, Petersbourg : Lee, bloqué, capitule devant Grant, mais, *cinq jours* après, Lincoln est poignardé par l'acteur Booth (16 avril 1865).

Résultat :
Crise cotonnière, d'où culture du coton introduite en Algérie, au Sénégal et dans l'Inde ; abolition de l'esclavage aux États-Unis.

(1) Le Sud comprenait le Texas et les États entre le Mississipi, l'Ohio jusqu'à Weeling, et l'Atlantique.
(2) La rive droite de l'Ohio appartenait aux Nordistes.

Situation des anciennes colonies espagnoles :
A l'exception du Chili, point de relâche pour les navires allant dans le Pacifique, toutes sont sans *commerce* ni *industrie*, et continuellement agitées par les *querelles* des *unitaires* et des *fédéralistes* (La Plata, les deux Pérou, la Colombie, Haïti, Guatemala et Mexique).

Expédition du Mexique (décembre 1861 à 1866).

CAUSE : L'ex-avocat Juarez, chef des fédéralistes, devenu seul président (1861), déclare suspendus pour *deux ans* les payements consentis par ses prédécesseurs à la France (dette de 60 millions), à l'Angleterre (dette de 80 millions), à l'Espagne (dette de 40 millions), et insulte les résidents ou agents européens : De là, *Convention de Londres* (31 oct. 61) entre la France, l'Angleterre et l'Espagne pour obtenir réparation.

ANGLO-FRANCO-ESPAGNOLS (Prim généralissime) : Ils occupent la *Vera-Cruz*. Juarez propose un arrangement, et par la *Convention de la Soledad* (février), permet aux alliés, décimés par la fièvre jaune, de s'établir dans les districts *sains* de Cordova et d'Orizaba *en attendant les instructions* de leurs Gouvernements.

RUPTURE ENTRE LES ALLIÉS (7 avril). Lorsque la France déclare qu'elle veut continuer l'entreprise, et couronner un Empereur mexicain, les Anglais et les Espagnols *se retirent*.

FRANÇAIS SEULS : Le général Lorencez, avec 7,000 hommes, marche d'Orizaba sur Mexico. Vainqueur à Cumbrès, il échoue sur Puebla (mai).

Prise de Puebla (17 mai 1863). Après la victoire de *San-Lorenzo* (13 mai) Forey, successeur de Lorencez, prend *Puebla* sur Ortéga (17 mai).

Occupation de Mexico (10 juin 1863). Une députation de Mexico vient à Puebla solliciter l'entrée des Français dans la capitale. Elle eut lieu le 10. Une *junte de trente-cinq notables* appela au trône Maximilien d'Autriche (7 juillet 1863). Le général Bazaine a poussé depuis son armée, en trois colonnes, jusqu'à la Sonora *à gauche*, à Durango *au centre*, et Tampico *à droite*. Mais nos troupes revenues en France, Juarez a tout repris et fait fusiller l'infortuné Maximilien (19 juin 1867).

QUESTION XXV.

Tableau comparatif des grandes puissances du monde.

ÉTATS.	POPULATION		RELIGION.	ARMÉE, FLOTTE.		BUDGET.		AGRICULTURE estimée d'après la production des céréales.	INDUSTRIE estimée d'après l'industrie cotonnière.	COMMERCE.	
	Total.	kil. car.	Christianisme.	Armée pied de guerre	Flotte.	Recettes en millions	Dette en milliards.			Importation	Exportation
AUTRICHE.	35 millions	54 hab.	25 cat., 6 gr., 5 protest.	600,000	500 bât.	800	6	200 millions d'hectolitres.	2 millions de broches.	1 milliard.	1 milliard et demi.
ÉTATS-UNIS.	36	5 —	2 cath., 52 pr.	600,000	400 —	400	»	200 id.	8 id.	2 —	2 —
FRANCE.	38	70 —	55 cath., 2 pr.	600,000	100 —	1800	10	500 id.	6 id.	3 —	5 —
GRANDE-BRETAGNE.	30	95 —	6 cath., 25 pr.	500,000	700 —	1700	20	150 id.	52 id.	5 —	4 —
ITALIE.	26	95 —	25 cath.	400.000	100 —	500	5	»	1 mill. 200 m.	1	700 millions
PRUSSE.	»	70 —	»	500,000	70 —	600	2	150 id.	2 et demi pour zollverein.	2 — zollverein.	2 milliards.
RUSSIE.	72	12 —	7 cath., 60 gr.	800,000	200 —	1200	5	400 id.	2 id.	700 millions	800 millions

Arts, Lettres et Sciences : La France et l'Angleterre sont au premier rang dans les lettres et les sciences, l'Allemagne dans les questions d'érudition et la philosophie, l'Italie dans les arts ; l'Autriche, la Russie et les États-Unis occupent la dernière place. — L'instruction primaire est plus avancée dans les pays protestants où c'est un devoir religieux de savoir lire pour méditer la Bible.

Comparaison de la France de 1789 à celle de 1665 POUR LA PRODUCTION AGRICOLE ET INDUSTRIELLE, LA POPULATION ET LES RESSOURCES FINANCIÈRES. De 1789 à 1865, la *production agricole* s'est élevée de 2 *milliards* à 12 *milliards* ; la *production industrielle* de 1 milliard à 6 milliards ; la *population* de 25 millions à 38 millions ; les *ressources financières*, de 500 millions de francs à 2 milliards 200 millions.

Accroissement de la richesse publique : Les classes laborieuses sont mieux logées, mieux nourries, mieux vêtues qu'en 1789. La consommation par chaque personne a *doublé* pour le *blé*, *triplé* pour la *viande*, *décuplé* pour le *sel* et le *sucre*.

Accroissement de la vie moyenne : De trente ans elle s'est élevée à quarante ans.

Progrès de la charité publique. On ne périt plus de faim et il y a des asiles ouverts à toutes les misères, ce qui provient de l'aisance générale, d'un sentiment plus vif de la confraternité humaine, et de la richesse des États.

Diminution de la criminalité. Depuis 1789 elle a diminué presque de moitié pour les crimes *contre la propriété, mais non pour les crimes contre les personnes.*

QUESTION XXVI.

CARACTÈRES NOUVEAUX DE LA SOCIÉTÉ MODERNE (1).

Ces caractères sont au nombre de trois principaux :
1° RELATIONS PLUS FRÉQUENTES ENTRE LES PEUPLES, consé-

(1) Ils sont indiqués dans le programme.

quence de la facilité des communications (par la vapeur, la télégraphie) (1). De là : propagation du *système métrique* adopté en Espagne, en Italie, Grèce, Belgique, Hollande et Suède, facultatif en Angleterre et aux États-Unis ; *expositions* universelles ; *progrès des idées de paix*, la guerre étant incompatible avec les relations, le commerce et la *solidarité des intérêts entre peuples* qui est telle que la France seule a *douze* milliards de capitaux engagés à l'étranger.

2° PLUS GRANDE SOLLICITUDE des Gouvernements pour les sujets, ce qui vient de leur richesse, de leur responsabilité devant le peuple et l'opinion publique, et des idées d'égalité, etc. (écoles, institutions de bienfaisance). On veille surtout à l'intérêt du grand nombre : exemple, la liberté du commerce.

3° PLUS GRANDE ÉGALITÉ CIVILE : Esclavage aboli, égalité devant les emplois, la loi, la fortune, personne n'oserait réclamer hautement des priviléges.

Grandeur de la civilisation moderne : Cette grandeur apparaît partout : commerce, industrie, inventions, progrès.

Dangers de cette civilisation : A force de bien-être, elle peut ramener la corruption et l'épicurisme, qui n'était accessible autrefois qu'à un petit nombre.

Nécessité de développer les intérêts moraux pour faire équilibre. Si les principes religieux et moraux ne se développent en proportion du bien-être, il est à craindre que l'on n'obéisse plus qu'aux sens et à la force brutale.

Part de la France dans l'œuvre de la civilisation : Tandis que l'Angleterre extermine les indigènes (Tasmanie et Nouvelle-Zélande, etc.), la France cherche à faire leur éducation morale, et partout elle se met au service de l'humanité et de la justice, et propage les idées de fraternité générale et d'égalité humaine.

(1) Il est moins long d'aller de Paris à Petersbourg, qu'autrefois de Paris à Marseille.

GÉOGRAPHIE

CLASSE DE TROISIÈME.

DESCRIPTION PARTICULIÈRE DE L'EUROPE.

QUESTION I.

GÉOGRAPHIE PHYSIQUE DE L'EUROPE : LIMITES ; MERS ET GOLFES ; ISTHMES ET DÉTROITS ; ÎLES ET PRESQU'ÎLES PRINCIPALES.

Limites (trois grandes mers et l'Asie) : au N., Océan Glacial ; à l'O., Atlantique, qui la sépare de l'Amérique ; au S., Méditerranée avec mer Noire et le Caucase, qui la séparent de l'Afrique et de l'Asie ; à l'E., mer Caspienne, fleuve Oural, monts Ourals, fleuve Kara.

Mers et golfes, isthmes et détroits, iles et presqu'iles principales :

Trois mers : océan Glacial, Atlantique et Méditerranée.

— 1° L'OCÉAN GLACIAL (au nord du cercle polaire) forme la *mer Blanche* et

Trois groupes d'iles : Nouvelle-Zemble, Loffoden (Norwége), Spitzberg.

— 2° L'OCÉAN ATLANTIQUE forme trois mers secondaires : la *Baltique*, la *Manche* et la *Mer du Nord*. Elles lui sont unies par les *six détroits* de Skager-Rack, Cattégat, Sund, Grand-Belt et Petit-Belt (Baltique), et par le Pas-de-Calais.

ILES (trois groupes) : Feroé, iles Danoises et iles Britanniques (Angleterre, Irlande, Hébrides, Shetland, Orcades et Sorlingues).

Presqu'îles (deux) : Scandinavie et Jutland.

— 3° Méditerranée, rattachée à l'Atlantique par le *détroit de Gibraltar*, forme *trois mers: Adriatique, Marmara, mer Noire*, qui lui sont jointes par les *trois détroits* d'Otrante, des Dardanelles et du Bosphore.

Iles (trois groupes, outre Sardaigne, Sicile et Candie) : Baléares, Ioniennes et Cyclades.

Presqu'îles et isthmes : Espagne, Grèce et Crimée, avec les *isthmes* de Corinthe et Pérécop.

QUESTION II.

GRANDES CHAÎNES DE MONTAGNES ; PRINCIPAUX FLEUVES ET LACS ; VOLCANS ; LIGNE DE PARTAGE DES EAUX.

Grandes chaînes de montagnes :

Trois chaînes principales : 1° Caucase (5,500 mètres) ; 2° Alpes (4,500^m) ; 3° Pyrénées (3,500^m) (1).

Volcans : *Trois principaux en Italie* : Vésuve, Stromboli et Etna. Il y a en Europe vingt volcans ou solfatares en activité.

Ligne de partage des eaux (du détroit de Vaigatz à celui de Gibraltar). — Elle divise l'Europe en *deux pentes ou versants* et porte *douze noms principaux* : Monts de Moravie et monts de Bohême *au centre*; et *au delà* : Carpathes du Nord, monts de Pologne, Valdaï, Uvalli et Ourals ; *en deçà* : Alpes portant cinq noms (Alpes de Franconie, de Souabe, de Constance, d'Algau, Centrales); Jura, Cévennes, Pyrénées, chaîne Ibérique.

Principaux fleuves (les plus longs sont ceux de la Caspienne et de la mer Noire) : Volga, 900 lieues ; Ourals et Danube, 700 lieues (2).

Quinze principaux sortent du flanc nord de la ligne de partage : La Petchora, la Dwina du Nord (*océan Glacial*) ; la Dwina du Sud, le Niémen, la Vistule et l'Oder (*Baltique*); l'Elbe et le Rhin (*mer du Nord*); la

---

(1) *Deux* d'entre elles limitent la France.
(2) La Loire n'a que 250 lieues, la Seine 200.

Seine (*Manche*) ; la Loire, la Garonne, le Douro, le Tage, le Guadiana, le Guadalquivir (*Atlantique*).

Cinq principaux sortent du flanc sud, ce sont : L'Èbre, le Rhône, le Danube, le Dniéper, le Volga.

Lacs : Le plus grand nombre s'écoulent dans la Baltique, la mer du Nord et l'Adriatique :

1° *Lacs de la Baltique* (groupe suédois et groupe russe) : Wener, Mœlar et Veter ; Onéga, Ladoga, Saïma et Peypus.

2° *Lacs de la mer du Nord* (groupe suisse) : Neufchâtel Zurich, Lucerne et Constance. Ils s'écoulent par le Rhin.

3° *Lacs de l'Adriatique* (groupe italien) : Majeur, de Côme, de Garde. Ils s'écoulent par le Pô.

QUESTION III.

POPULATION DE L'EUROPE ; RACES, LANGUES, RELIGIONS, GOUVERNEMENTS ; GRANDES VOIES DE COMMUNICATION INTERNATIONALE, DIVISIONS POLITIQUES.

Population de l'Europe : 300 millions d'âmes (1).

Races : *Deux principales :*

1° RACE JAUNE OU MONGOLIQUE, le long de l'océan Glacial (Lapons, Samoyèdes).

2° RACE BLANCHE OU INDO-GERMANIQUE, divisée en *trois familles* : *famille latine* (sur la Méditerranée) ; *famille germanique* (sur les deux bords de la mer du Nord) ; *famille slave* (au delà de l'Oder et de la Theiss).

Langues : *Trois familles de langues* correspondant aux familles de peuples (latines, germaniques, slaves).

Religions : *Trois confessions chrétiennes* chacune des trois familles a la sienne : les Latins sont catholiques, les Germains protestants, les Slaves grecs (2).

(1) 600 millions en Asie ; la *moitié moins* (300) en Europe ; la *moitié moins* (150) en Afrique ; la *moitié moins* en Amérique (75 ; la *moitié moins* en Océanie (37).

(2) Il n'y a sur la Méditerranée et ses annexes que des *catholiques*, Romains ou Grecs.

Gouvernements : Représentatifs (deux chambres) partout, excepté en Turquie et en Russie, où les souverains sont absolus.

Grandes voies de communication internationale par canaux et par chemins de fer :

Par canaux : Deux grandes lignes parallèles relient la mer du Nord et l'Occident à toute l'Europe orientale :

1° Ligne de l'Elbe au Dniéper, qui communique lui-même avec les quatre mers russes (Noire, Caspienne, Baltique, Blanche) ;

2° Ligne du Rhin a la mer Noire, par le *canal Louis* et le Danube (le Rhin est relié à tous nos fleuves).

Par chemins de fer : Cinq grandes lignes vont de *Paris* aux extrémités de l'Europe :

1° A Cadix, par Madrid ; 2° au détroit de Messine, par Lyon, le *Simplon,* Bologne, Florence, Rome, Naples ; 3° à Odessa, par Strasbourg, Vienne et le Danube ; 4° à Moscou, par Strasbourg, Prague et Varsovie ; 5° à Saint-Pétersbourg, par Maubeuge, Cologne, Berlin et Kœnigsberg.

Divisions politiques de l'Europe : Les vingt suivantes (1) :

Russie,	72,000,000	Belgique,	5,000,000
France,	58,000,000	Pays-Bas,	4,000,000
Autriche,	56,000,000	Portugal,	4,000,000
Confédération prussienne,	50,000,000	Suisse,	3,000,000
Grande-Bretagne,	50,000,000	Danemark,	1,500,000
Italie,	25,000,000	Grèce,	1,500,000
Espagne,	15,000,000	Etats de l'Église,	1,000,000
Turquie (Europe),	15,000,000	Andorre.	20,000
Confédération du Sud,	8,000,000	Monaco,	7,000
Suède.	6,000,000	Saint-Marin,	5,000

(1) Voir *Atlas* Drioux et Leroy.

QUESTION IV.

DIVISIONS POLITIQUES. — LA FRANCE ET LA GRANDE-BRETAGNE ; PRINCIPALES DIVISIONS ADMINISTRATIVES ; GRANDES VILLES D'INDUSTRIE ET DE COMMERCE ; IMPORTANCE MILITAIRE ET COMMERCIALE DES POSSESSIONS EXTÉRIEURES ; RELIGION ; GOUVERNEMENT DE LA FRANCE ET DE L'ANGLETERRE.

§ I. — **La France.**

HEXAGONE à *trois* côtés maritimes et *trois continentaux*, divisé en *quatre versants* (mer du Nord, Manche, golfe de Gascogne et Méditerranée) par les Cévennes et deux chaînons qui s'en détachent pour courir jusqu'au cap Gris-Nez (Pas-de-Calais), et au cap Saint-Mathieu (Finistère). Elle comprend DIX-SEPT BASSINS de fleuves (Seine, Loire, Garonne et Rhône) et de rivières.

Divisions administratives (de six espèces) (1) :

1° DÉPARTEMENTS : Il y en a *quatre-vingt-neuf* ayant presque tous des noms de cours d'eau, et répartis comme il suit :

* DANS LE BASSIN DE LA GARONNE (pentagone de montagnes) : *treize*. `13`
* DANS LE BASSIN DE LA LOIRE (trapèze de montagnes) : *vingt*. 20
* DANS LE BASSIN DU RHÔNE (pentagone fort irrégulier) : *treize*, plus la Savoie. 15
* DANS LE BASSIN DE LA SEINE (pentagone de montagnes) : *treize*. 13
* SUR LE VERSANT DE LA MER DU NORD (Rhin, Meuse, Escaut) : *neuf*. 9
* DANS LES HUIT BASSINS CÔTIERS DE LA MANCHE ET DE L'ATLANTIQUE (angles de montagnes) : *treize*. 13
* DANS LES QUATRE BASSINS CÔTIERS DE LA MÉDITERRANÉE (angles de montagnes) : *cinq*. 5
* EN CORSE : *un*. 1

Total.	89

(1) Voir *Atlas* Drioux et Leroy.

2° CINQ PRÉFECTURES MARITIMES : Cherbourg, Brest, Lorient, Rochefort et Toulon.

3° DIX-SEPT ARCHEVÊCHÉS ET SOIXANTE-SEPT ÉVÊCHÉS. (Les évêques de Limoges, Poitiers, Besançon, Bourges, Lyon et Strasbourg ont deux départements).

4° DIX-SEPT ACADÉMIES.

5° VINGT-HUIT COURS D'APPEL.

6° CINQ COMMANDEMENTS MILITAIRES, VINGT-DEUX DIVISIONS, QUATRE-VINGT-NEUF BRIGADES.

Grandes villes d'industrie et de commerce :

PARIS (1800), capitale, Lyon (324), Marseille (300), Bordeaux (194), Lille (154), Toulouse (126), Nantes (112), Rouen (100), Saint-Étienne (96), Brest (80), Le Havre (75), Roubaix (65), Mulhouse (60), Turcoing (38) (1).

Population et religion : 38 millions d'habitants, dont 35 millions de catholiques.

Gouvernement : Monarchie constitutionnelle avec un *Empereur* et deux *Chambres*, un *Sénat*, un *Corps législatif* formé d'un député par 35,000 électeurs (il vote l'impôt et les lois).

Importance militaire et commerciale des colonies :

1° EN AFRIQUE : *Algérie*, ports de refuge et entrepôt de l'Affrique centrale et de l'Europe; *Sénégal*, qui peut être relié à l'Algérie par le Sahara (grand marché); *Assinie*, *Grand-Bassam* et *Gabon* (marchés); la Réunion, îles Comores et Sainte-Marie n'ont pas de ports (marchés) ; *Obock* (l'une des clefs de la mer Rouge), *Massouah* et *Adoolis* (relâches importantes et marchés).

2° EN ASIE : *Mahé, Karikal, Pondichéry, Yanaon* et *Chandernagor*, dans l'Inde (marchés inutiles) ; *Basse-Cochinchine*, qui nous donne le commerce du Cambodge (station excellente, mer profonde).

3° EN OCÉANIE : *Nouvelle-Calédonie* (sol très-fertile, houille, lieu de déportation), *Taïti, Marquises* et *Gambier* (relâches utiles entre l'Amérique et l'Australie).

4° EN AMÉRIQUE : Saint-Pierre et Miquelon (refuge pour les pêcheurs Banquais); Martinique, Guadeloupe, Désirade, Marie-Galante (ports et marchés importants);

(1) Population d'après le recensement de 1866.

les Saintes (rade sûre) ; Guyane (marché et lieu de déportation).

§ II. — **Grande-Bretagne**.

(Angleterre, Écosse et Irlande avec Shetland, Orcades, Hébrides et Scilly).

« Bloc de fer et de houille, » situé vis-à-vis du continent, entre Bergen (Norwége) et Calais. L'Angleterre est divisée en *trois pentes* par une chaine longitudinale qui se bifurque à la source de l'Avon. Ses *fleuves à larges estuaires*, se rapprochent deux à deux : *Tamise* et *Severn*, *Humber* et *Severn*, *Humber* et *Mersey*, *Forth* et *Clyde* (canaux de jonction).

Divisions administratives. — *Cent dix-sept* comtés ou shires (40 en Angleterre, 12 dans le pays de Galles, 33 en Ecosse, 32 en Irlande) ; *six comtés* en face des côtes de France : Kent, Sussex, Southampton, Dorset, Devon et Cornwailles.

Villes d'industrie et de commerce (dans les régions à mines de houille et de fer, entre les Estuaires) :

1° Entre Tamise et Severn : Londres (3 millions), Bristol (150), Swansea (50), et Cardiff (25), port de Merthyr-Tydwill (100).

2° Entre Humber et Severn : Birmingham (300), Wolverhampton (100).

3° Entre Humber et Mersey : Leed (230), Halifax (50), Bradford (120), Sheffield (200), Manchester (500). Les *deux ports de ces villes* sont Liverpool (500) et Hull (100). — Plus haut, Sunderland (60) et Newcastle (120).

4° Entre Forth et Clyde : Glascow (400), Edimbourg et son port Leith (200).

5° En Irlande : Dublin (300), Cork (100), Limerik (70).

Population : 30 millions d'habitants.

Religion : *Anglicane* en Angleterre (calvinisme avec évêques), *presbytérienne* en Écosse (calvinisme sans évêques), *catholique* en Irlande.

Gouvernement : Monarchie constitutionnelle avec

une reine ou un roi et deux chambres (lords et communes).

Importance commerciale et militaire des possessions extérieures. — Elles forment une chaîne d'étapes autour du monde pour se ravitailler et se défendre, pour vendre et acheter, épier les occasions.

1° En Europe : Les *îles Normandes* (refuge et arsenal entre Brest et Cherbourg); *Helgoland* (sentinelle à l'embouchure des fleuves allemands); *Gibraltar* et *Malte*, arsenaux et sentinelles dans les deux passages de la Méditerranée.

2° En Afrique : *Gambie*, villes et commerce du fleuve; côte de *Sierra-Leone*, refuges fortifiés; Sainte-Hélène et l'Ascension (seuls refuges et relâches de ces parages); *le Cap*, sentinelles et relâches; *Maurice*, le seul arsenal et port de la mer des Indes; les *Seychelles*, relâche; *Aden* et *Perim*, sentinelles et relâches de la mer Rouge.

3° En Asie : *Inde* et *Indo-Chine*, centre immense de productions et grand marché pour leur commerce; *Ceylan*, arsenal et sentinelle (Trinquemale); *Malacca* et *Singapour*, clefs du détroit de Malacca; *Labouan*, en face de la ville et du royaume de Bornéo, étape, mines de houille; *Hong-Kong*, relâche, et sentinelle de Canton.

4° En Océanie : *Australie*, mines d'or et pâturages; *Tasmanie* et *Nouvelle-Zélande*, houille et bons ports.

5° En Amérique : *Nouvelle-Bretagne*, pelleteries, forêts, mines du Frazer; *Terre-Neuve*, pêcherie; *Bermudes*, sentinelle et arsenal devant les États-Unis, relâche à mi-route des Lucayes et de Terre-Neuve; *Lucayes, Jamaïque, Sainte-Lucie, Tabago, Honduras*, productions importantes et stations, aux deux bouts et au centre des Antilles; *Guyane*, marché et poste important; *Falkland*, sentinelle et relâche, à la pointe de l'Amérique.

QUESTION V.

§ I. — **Belgique.**

Elle occupe le *bassin de l'Escaut*, au-dessous de son confluent avec la Scarpe, et le bassin de la *Meuse*, entre Charlemont et Maëstricht. Abondantes mines de fer et de houille.

Principales divisions administratives : *Neuf provinces*, toutes frontières, excepté le Brabant (V. Atlas).

Villes importantes d'industrie et de commerce (dentelles, tissus, fer, houille).

BRUXELLES, capitale (300), *port* d'Anvers (140), Gand (120), Liége (100), Bruges (50), Mons (30), Namur (30), Malines (30), le *port* d'Ostende (20).

Possessions hors de l'Europe : Saint-Thomas (golfe de Honduras).

§ II. — **Pays-Bas.**

Aux bouches de l'Escaut, de la Meuse et du Rhin, et autour du Zuyderzée.

Divisions administratives : *Dix* provinces, dont huit maritimes (entre l'Escaut occidental et le Dollars) et *deux duchés* (Limbourg et Luxembourg) (V. Atlas).

Villes importantes d'industrie et de commerce :

Amsterdam (280), *Rotterdam* (110), et *entre ces deux villes*, la capitale, *La Haye* (80), Leyde (50), Delft (25). — Ports fluviaux d'Utrecht (60) et de Flessingue (8).

Possessions hors d'Europe (20 millions d'habitants) :

1° EN AFRIQUE : Comptoirs de Guinée (Ch.-l. Elmina).

2° En Amérique : *Trois Antilles* : Curaçao, Saint-Eustache et Saba ; la Guyane hollandaise (Paramaribo).

3° En Océanie : Toute la base de la *pyramide* des îles Malaises (Voir Océanie).

§ III. — **Danemark** (État scandinave).

Pays tout agricole ; il comprend le *Jutland* jusqu'à la Konge-Aa (1), et les *îles danoises* (dix grandes) (V. Atlas).

Divisions administratives : *Cinq provinces.*

Villes importantes : La capitale, *Copenhague* (155), dans l'île de Seeland, et sur le continent, Aalborg (10), Aarhus (10).

Possessions extérieures : 1° En Europe : *Feroë* et *Islande*.

2° En Amérique : *Groënland* et *trois Antilles* : Sainte-Croix, Saint-Jean, *Saint-Thomas*, port *franc*, relâche de *nos* Transatlantiques (40 millions de commerce).

§ IV. — **Suède avec Norwége** et les îles Gottland et Aland.

La Suède et la Norwége sont séparées de la Russie par la *Tornea*, la *Tana* et le golfe de *Waranger*, qui leur appartient. Une chaîne de récifs, interrompue seulement entre Gothembourg et Carlscrona, défend le littoral *libre de glaces* toute l'année, excepté sur la Baltique (2).

Trois versants, formés par les monts Kiœlen, qui se divisent, à la source du *Glommen*, *en Sèves* et *Dofrines*, et vont former les caps *Lindesness* et *Falsterbo*.

Divisions administratives : La *Suède* se divise en *trois régions* et *vingt-quatre læn* ; la *Norwége* en *trois régions* et *dix-sept provinces.*

Villes d'industrie et de commerce :
Quatre en Suède : Stockholm, capitale (125), et les *ports* de *Gothenbourg* (40), *Malmöe* (20), *Carlscrona* (15).

---

(1) Frontière en litige (1867).
(2) Les vents soufflent de l'*ouest* pendant *dix mois* entre les cercles polaires. Ils arrivent de la mer chargés de vapeurs qui tiédissent l'air par la chaleur abandonnée dans la *condensation*. De là, l'absence des glaces sur les côtes de Norwége, tandis que la Baltique, plus au sud, en est couverte.

Six en Norwége : CHRISTIANIA, capitale (10), *Bergen* (36), *Drontheim* (18), et *Stavanger* (14).

Colonies : *Une seule* ; Saint-Barthélemy (Antilles).

QUESTIONS VI ET VII.

CONFÉDÉRATION GERMANIQUE ET PRUSSE; GRANDES DIVISIONS, PRINCIPALES VILLES D'INDUSTRIE ET DE COMMERCE, GOUVERNEMENTS.

Confédération germanique. — Elle a été divisée en *deux* en 1866 : celle *du Nord* avec la Prusse, et celle *du Sud* (l'Autriche et la Hollande se sont retirées). Elles sont unies par un *Zollverein*.

§ I. — Confédération du Nord ou prussienne.

Elle comprend *au nord du Rhin*, les États situés *entre la Russie, l'Autriche, le Mein, le Rhin, la Hollande*, l'Eider et la Baltique ; et, *au sud du Rhin* : Mayence et la Prusse Rhénane.

Grandes divisions : A ses huit provinces antérieures, la *Prusse* a *réuni* en 1866 les *dix territoires* suivants :

ÉTATS INCORPORÉS APRÈS SADOWA (1866).
- *Un* royaume : Hanovre.
- *Six* duchés : Sleswig, Holstein et Lauenbourg (duchés de l'Elbe), Hesse-Cassel, Hesse-Hombourg et Nassau.
- *Deux* districts *bavarois* : Orb et Gersfeld.
- *Une* ville libre : Francfort-sur-le-Mein.

Elle s'est confédérée avec *vingt-autres* États au nord du Rhin et du Mein :

ÉTATS CONFÉDÉRÉS AVEC LA PRUSSE (1866).
- *Un* royaume : Saxe.
- *Huit* duchés : les *deux* Mecklembourgs, les *quatre* duchés de Saxe, le Brunswick et l'Oldenbourg.
- *Huit* principautés : les *deux* Reuss, les *deux* Schwartzbourgs, les *deux* Lippes, l'Anhalt, le Waldeck.
- *Trois villes libres* : Lubeck, Hambourg et Brême.

Principales villes d'industrie et de commerce :

1° Berlin, capitale (600).

2° **Ports de mer :** *Königsberg* (100), *Dantzig* (80), *Stralsund* (20), *Rostock* (3), *Kiel* (3), *Tonningen* (40).

3° **Ports fluviaux :** *Breslau* (145), *Francfort-sur-l'Oder* (36), *Stettin* (6), *Lubeck* (30), *Dresde* (120), *Magdebourg* (36), *Hambourg* (200), *Brême* (50), *Cassel* (30), *Francfort-sur-le-Mein* (70), *Mayence* (50), *Cologne* (130).

Gouvernement : Les États simplement confédérés ont un gouvernement local, mais ils envoient des députés au Parlement fédéral commun, à Berlin.

§ II. — Confédération du Sud (1).

Coupée par la ligne de partage des eaux en *deux versants* (Rhin et Danube), elle est comprise entre l'Autriche, la Suisse, le Rhin et le Mein, et possède au delà du Rhin la Bavière rhénane.

Divisions : *Cinq États : Bavière, Wurtemberg, Bade* et *Hesse-Darmstadt* (partie au sud du Mein) (2), et principauté de *Lichtenstein*.

Villes d'industrie et de commerce : *Munich* (140), *Stuttgard* (50), *Carlsruhe* (30), *Ulm* (25), *Spire* (12), *Augsbourg* (45), *Nuremberg* (60).

Gouvernement : Chacun des États confédérés a son gouvernement représentatif.

QUESTION VIII.

Autriche; sa situation géographique ; divers états et peuples qui la composent ; grandes divisions administratives; principales villes, provinces de la confédération germanique.

Autriche ; sa situation géographique. — Elle est située au centre de l'Europe, entre la Prusse, la

(1) Elle n'est pas encore organisée (août 1867).
(2) Son annexe au-dessus du Mein fait partie de la Confédération prussienne.

Saxe, la Bavière, la Suisse, l'Italie, la Turquie et la Russie. Divisée par les Alpes, les Carpathes et les monts de Moravie en *quatre versants*, elle touche à l'Adriatique, et communique par cinq fleuves avec trois autres mers : avec la *mer du Nord* par l'*Elbe*; avec la Baltique par l'*Oder* et la *Vistule*; à la mer Noire par le *Dniester* et le *Danube* qui l'arrose dans une longueur de 1,300 kilomètres, et la relie au Rhin par le *canal Louis*.

Divers États et peuples qui la composent :

Elle se compose de CINQ SORTES D'ÉTATS :

1° ROYAUME DE HONGRIE, entre la Leitha, la Save et les Carpathes.

2° ÉTATS ALLEMANDS (ancien archiduché d'Autriche), à l'est de la Hongrie.

3° et 4° ROYAUME DE BOHÊME ET PROVINCES POLONAISES, au-dessus de la ligne de partage des eaux.

5° DALMATIE, sur l'Adriatique (ancienne province de la Vénétie).

Quatre sortes de peuples :

1° HONGROIS, 8 millions (Hongrie).

2° ALLEMANDS, 8 millions (pays entre Hongrie, Danube, Alpes et Bavière).

3° SLAVES, 15 millions (Bohème, Moravie, Hongrie, Pologne, Croatie, Dalmatie en partie).

4° ITALIENS, 1 million (Tyrol italien et Dalmatie).

Grandes divisions administratives :

Dix-huit provinces, dont trois seulement en dehors du bassin du Danube : Bohème, Gallicie avec Cracovie et Buckhowine, Dalmatie ; les *quinze autres,* sur le fleuve et ses affluents, sont bordées par les Carpathes, le Danube, la Saxe et l'Unna, la Salze et l'Inn.

Principales villes d'industrie et de commerce :

* 1° PORTS FLUVIAUX : VIENNE, capitale (660), à mi-route de Paris et de Constantinople ; *Pesth* (150), *Prague* (150), *Gratz* (60), Cracovie (50).

* 2° PORTS DE MER : Trieste (100), Fiume (10), Zara (20), Raguse (10).

Provinces de la Confédération germanique :

Toutes les provinces à l'ouest d'une ligne menée depuis la source de la Vistule jusqu'à Fiume (Adriatique). Elles en sont détachées depuis 1866.

QUESTION IX.

CONFÉDÉRATION HELVÉTIQUE ET ITALIE. — DIVISIONS PRINCIPALES. — VILLES IMPORTANTES. — POPULATION, RELIGION, LANGUES, GOUVERNEMENT.

§ I. — Confédération helvétique.

Massif de montagnes entre la France, l'Allemagne, l'Autriche et l'Italie. Ses eaux s'écoulent *dans quatre mers* : Adriatique (Tessin), mer Noire (Inn), mer du Nord (Rhin), Méditerranée (Rhône).

Divisions principales :
VINGT-DEUX CANTONS, dont *dix-huit* dans le versant du *Rhin, un* sur le *Tessin, trois* sur le *Rhône.*

Villes importantes :
BERNE, capitale (30), *Bâle* (30), *Zurich* (20), *Genève* (30).

Population et Religion : 2,500,000 catholiques et protestants.

Langues : *Français* à l'ouest, *italien* sur le Tessin, *allemand* à l'est et au centre.

Gouvernement :
Chaque canton est une république indépendante pour les affaires *locales.* Il y a *deux chambres à Berne* pour les *affaires communes.*

§ II. — Italie.

Longue presqu'île formée par les Apennins, qui se bifurquent à la source du Bradano ; de là *trois versants.*
Elle est comprise entre les Alpes, l'Isonzo et la mer.
Deux États : États de l'Église et Royaume d'Italie :

1° ÉTATS DE L'ÉGLISE.

Le littoral de Civita-Vecchia à Terracine.

Villes : *Six principales :* ROME (200), *Frosinone* et *Terracine*, au sud du Tibre ; *Civita-Vecchia* (15), *Viterbe* au nord du Tibre.

2° ROYAUME D'ITALIE.

Le reste de la Péninsule jusqu'à l'*Isonzo*, et aux Alpes avec la Sicile, la Sardaigne et les autres îles du littoral.

Divisions principales :

Il y en a DOUZE : Piémont, Lombardie, Vénétie, duché de Parme, duché de Modène, duché de Toscane, Romagne, Marches, Ombrie, provinces Napolitaines, Sicile, Sardaigne et les autres îles.

Villes importantes :

* *Intérieur :* FLORENCE (120), capitale ; *Turin* (180), *Milan* (220), *Vérone* (60), *Bologne* (80).

* *Ports :* *Gênes* (120), *Livourne* (100), *Naples* (450), *Tarente* (20), *Ancône* (40), *Venise* (120), *Palerme* (200), *Messine* (100), *Catane* (60).

QUESTION X.

ESPAGNE ET PORTUGAL. — DIVISIONS PRINCIPALES. — GRANDES VILLES. — POSSESSIONS HORS DE L'EUROPE.

Espagne et Portugal : *Quadrilatère* dont les quatre angles sont les caps *Creus* et *Finisterre* aux deux bouts des Pyrénées, et les caps de *Gata* et de *Saint-Vincent*. Au centre s'élève un plateau bordé de montagnes. Les *Pyrénées* espagnoles et la chaîne *ibérique* divisent la Péninsule en *trois versants* : 1° pente de la Méditerranée, où descend l'*Èbre* ; 2° pente de l'Atlantique, où coulent les fleuves du Douro, du Tage, du Guadiana et du

Guadalquivir ; 3° pente du golfe de Gascogne : le Portugal occupe le quart de la pente atlantique, l'Espagne le reste.

§ I. **Espagne.**

Divisions principales : Les 14 anciennes provinces sont divisées en *quarante-huit intendances.*

Grandes villes :

1° Villes intérieures : Madrid, capitale (300), et *Tolède* (20) sur le *Tage* ; Séville (15), Cordoue (50), Grenade (100), dans la vallée du Guadiana ; Saragosse sur l'Èbre (80).

2° **Ports :** *La Corogne,* port militaire (30), *Santander* (20), *Bilbao* (20), *Barcelone* (250), *Valence* et son port *Grao* (150), *Alicante* (30), *Malaga* (120), *Cadix,* port militaire (80) ; *Mahon,* de Minorque (20), et *Pa'ma,* île Majorque (40).

Possessions hors de l'Europe (5 millions d'habitants) :

1° En Amérique : Porto-Rico et Cuba.

2° En Afrique : les quatre présides (garnisons) de Ceuta, Penon-Velez, Alhucemas, Melilla (sur la Méditerranée) ; les Canaries (7 grandes), Fernando-Pô, et Annobon (golfe de Guinée).

3° En Océanie : les Philippines et les Mariannes.

§ II. — **Portugal.**

Sur la partie navigable du Douro, du Tage et du Guadiana, il est séparé de l'Espagne par une *chaîne infranchissable,* parallèle à la chaîne ibérique.

Divisions principales : Sept provinces.

Grandes villes : Les trois ports de *Lisbonne,* capitale (300), de *Porto* (100), de *Sétubal* (15).

Possessions hors de l'Europe (3 millions d'âmes) :

1° En Afrique : *Iles Açores, Madère* (cap. Funchal, 40,000 h.), du *Cap-Vert,* du *Prince* et *Saint-Thomas,* les côtes du *Congo* et du *Mozambique.*

En Asie : *Trois villes : Goa* et *Diu* (Inde), *Macao* (Chine).

En Océanie : *Une île : Timor* (Malaisie).

QUESTION XI.

TURQUIE ET GRÈCE. — DIVISIONS PRINCIPALES. — PRINCIPALES VILLES. — RELIGION. — PEUPLES DIFFÉRENTS COMPRIS DANS L'EMPIRE OTTOMAN. — POSSESSIONS HORS DE L'EUROPE.

Turquie et Grèce : Séparées de l'*Autriche* et de la *Russie* par les deux chaînes de montagnes et les quatre rivières suivantes : *Alpes Dinariques* ; Unna, Save et Danube ; *Carpathes orientales* et Haut-Pruth. Les Alpes et les Balkans les divisent en *trois versants* (mer Noire, Adriatique, Archipel). De ces deux chaînes descendent la *Maritza* (Hèbre), le Vardar (Ax'os), l'Aspro-Potamos (Achéloos), la Voïoussa (Aoos), le Drin (Drilon).

§ I. **Turquie.**

Divisions principales : Elle comprend : 1° DES PROVINCES IMMÉDIATES au nombre de *sept* : *Roumélie*, avec les quatre îles de *Tasso, Samothraki, Imbro* et *Lemno* ; *Bulgarie, Thessalie, Herzegowine, Albanie, Bosnie* et *Croatie, Candie,* divisées en *quinze pachalicks,* en livahs et en cazos.

2° DES PROVINCES VASSALES au nombre de *trois* : Monténégro, Servie, Moldo-Valachie.

Principales villes :

Les ports de *Constantinople,* capitale (800), *Rodosto* (30), *Gallipoli* (20), *Salonique* (80), *Andrinople* (100), *Philippopoli* (60), *Varna* (15), *Routschouk* (30), *Widdin* (30), la *Canée* (15) à Candie.

Dans le Monténégro, presque indépendant : *Cettigne,* capitale (10).

Dans la Servie (entre le Drin et le Timock) : *Belgrade* (40).

Dans la Roumanie (Moldo-Valachie) : *Buckharest,* capitale (120), *Braïla* (50), *Galatz* (60), *Iassy* (80).

Religion : 2 millions de mahométans, le reste chrétiens *grecs.*

Peuples différents compris dans l'Empire Ottoman :

QUATRE PRINCIPAUX, dans trois régions :

1° *Au nord du Danube* : 4 millions de *Roumains*.

2° *Entre le Danube et les Balkans* : 8 millions de *Slaves*.

3° *Au sud des Balkans et en Albanie* : 2 millions de *Grecs*.

4° 1 million de *Turcs* disséminés.

Possessions des Turcs hors de l'Europe :

En Asie : *Turquie d'Asie* et *Hedjaz*. — En Afrique : *Égypte* et *Tunis*, tributaires ; *Tripoli* et le *Fezzan*, immédiats.

§ II. Grèce.

Séparé de la Turquie par une ligne fictive allant du golfe d'*Arta* au golfe de *Volo*, le royaume de Grèce se compose de *trois parties* : *Hellade*, *Morée* et *Iles* (Eubée, Sporades du nord, Cyclades et Ioniennes).

Divisions principales : Onze préfectures.

Principales villes : *Athènes*, capitale (50), et les ports du *Pirée*, de *Nauplie* (13), de *Calamata*, de *Navarin*, de *Patras* (25), de *Corfou* (20), de *Syra* ou Hermopolis (80), dans l'île de *Syra*, relâche des paquebots des Messageries Impériales.

QUESTION XII.

Russie et Pologne (entièrement confondues).

QUATRE VERSANTS : de la *Baltique*, de l'*océan Glacial*, de la *mer Noire*, de la *mer Caspienne*. — FLEUVES : la *Petchora* et la *Dwina du Nord*, la *Dwina du Sud*, le *Niémen*, le *Dniéper* et le *Don*, et le *Wolga,* tous réunis par *des canaux* qui font communiquer les quatre mers.

Grandes divisions : *Soixante-cinq* gouvernements, dont *douze* formés de l'ancienne Pologne ; ils sont sub-

divisés en *cercles*, ayant chacun *de* 300,000 *à* 400,000 habitants *mâles*.

Principales villes :

1º PENTE DE LA BALTIQUE : *Pétersbourg*, capitale (500), et son port militaire *Cronstadt* (30), *Revel* (30), *Riga* (90), *Varsovie* (150).

2º PENTE DE LA MER NOIRE : *Odessa* (100), *Nicolaïef* (40), *Kiew* (60), *Kherson* (20), *Taganrog*, sur le Don (20), *Sébastopol* tombée de 50,000 hab. à 10,000.

3º PENTE DE LA CASPIENNE : *Tver* (30), *Moscou* (300), *Nijni-Novogorod* (40), *Kazan* (60), *Perm* (12), *Orenbourg* (12), *Astrakan* (50).

" 4º PENTE DE LA MER GLACIALE : *Arkhangel* (30).

Peuples différents compris dans l'Empire Russe (Quatre) :

Finnois au nord (Fin-land), *Slaves* au centre (60 millions), *Tartares* et *Turcs* au sud.

Possessions hors d'Europe :

En Asie : *Transcaucasie*, *Turkestan*, *Sibérie* — (Voir page 135).

CLASSE DE SECONDE.

DESCRIPTION DE L'ASIE, DE L'AFRIQUE, DE L'AMÉRIQUE
ET DE L'OCÉANIE.

ASIE.

Notions préliminaires.

Situation : A l'est de l'Europe et de l'Afrique, dont la sépare le fleuve *Kara*, les monts et le fleuve *Ourals*, la *Caspienne*, le *Caucase*, la *mer Noire*, la *Méditerranée*, la mer *Rouge*. Elle est baignée de tous les autres côtés par *trois* *océans* : l'océan Glacial au nord, l'océan Indien au sud, et l'océan Pacifique, qui leur est joint par les deux détroits de Behring, large de 14 lieues, et de Malacca, large de 8 lieues.

Étendue : Cinq fois plus grande que l'Europe : 8,000 kilomètres du cap Sacré au cap Romania, 12,000 du détroit de Behring à celui de Bab-el-Mandeb.

Configuration : Au centre s'élève un *vaste plateau* entouré par les *monts Altaï* au nord, les *monts Neigeux* à l'est, l'*Himalaya* (8,800 mètres) au sud, les *monts Bolor* à l'ouest. Ce plateau se relie aux montagnes des quatre autres parties du monde par quatre chaînes secondaires :

1° A l'AMÉRIQUE par les Stanovoï, rompus par le détroit de Behring pour se relever au delà et courir jusqu'au cap Horn.

2° A l'OCÉANIE par les monts de Siam, continués par les îles de la Sonde.

3° A l'AFRIQUE par les monts du Khorassan, du Liban, qui vont par Suez se rattacher à la chaîne arabique.

4° A l'EUROPE par les Alguidim, qui courent de l'Altaï à l'Oural.

Plus de *cent ring!* volcans sortent des montagnes d'Asie.

Les quatre talus du plateau (entre les quatre chaînes de jonction) sont sillonnés par douze grands fleuves, dont *trois* descendent dans la *mer Glaciale* : l'*Obi* (950 lieues), l'*Iénisséi* (950 l.), la *Lena* (900 l.).

Quatre dans le grand Océan : l'*Amour* ou fleuve *Noir* (950 l.), le *Hoang-ho* ou *Fleuve Jaune* (1,800 l.), le *Kiang* ou fleuve *Bleu* (1,100 l.), le *Cambodge* (900 l.).

Trois dans l'océan Indien : l'*Iraouaddy* (450 l.), le *Gange* (500 l.), l'*Indus* ou Sind (700 l.).

Deux dans la mer d'Aral : *Amou-Deria* (400 l.), *Syr-Deria* (950 l.).

Divisions politiques de l'Asie.

Outre les possessions russes (10 millions d'habitants),

anglaises (150 millions), françaises et portugaises, l'Asie comprend les quatorze États suivants :

Chine,	500,000,000	Hérat,	2,000,000
Japon,	50,000,000	Boukarie,	3,000,000
Annam,	10,000,000	Turquie d'Asie,	15,000,000
Cambodge,	1,000,000	Royaume d'Oman,	
Iram,	5,000,000	Yemen,	
Birman,	5,000,000	Etat des Wahabites,	10,000,000
Perse,	10,000,000	Hedjad,	
Afghanistan,	5,000,000		

Religions : *Mahométisme*, en deçà de l'Indus ; *brahmanisme*, entre l'Indus et le Gange ; *bouddhisme*, sur le plateau et dans tout le versant du grand Océan ; *chamanisme*, en Sibérie ; *Missions chrétiennes* partout.

QUESTION I.

CHINE, JAPON, ÉTATS DE L'INDO-CHINE. — GRANDES DIVISIONS. — PRINCIPALES VILLES.

Chine (AVEC FORMOSE ET HAÏNAN).

Elle comprend le grand plateau et les contrées au sud de l'Amour et de l'Oussouri jusqu'au golfe du Tonkin.

Grandes divisions : Six provinces, subdivisées en *fou* et *tcheou* : *Chine, Corée* et *Mantchourie*, près de la mer ; *Thibet, Petite Boukarie* et *Mongolie*, sur le grand plateau.

Principales villes : PÉKIN, capitale (2 millions) ; *Sou-Fou-Tcheou*, près Shang-haï (3 millions), et *Nankin* (1 million), etc.

HUIT VILLES OUVERTES AUX ÉTRANGERS : *Canton* (1 million), et *Han-keou* sur le Kiang ; *Amoy* (250) et *Fou-tcheou* (600), sur le canal de Formose ; *Ning-po* (500) et *Shang-haï* (1 million), à l'entrée du canal impérial et du Kiang ; *Tien-tsin* (500), port de Pékin sur le Peï-ho ; *Maïmatchin*, entrepôt de commerce avec la Sibérie (1).

(1) On vient d'ouvrir au commerce *Wen-Chow* (port de mer), et King-Tcheou sur le Kiang.

Japon (QUATRE ÎLES PRINCIPALES).

Grandes divisions : Dix *do* ou régions.

Principales villes : MYAKO, capitale du Daïmios, chef
spirituel (1 million d'âmes) et son port *Osaka* (800).
— *Yedo*, capitale du Taïcoun, chef temporel (2 millions), et ses trois avant-ports : *Simoda, Yokohama, Kanagawa*. — *Nangasaki* (Kiou-siou). Tous *ces ports* sont
ouverts aux Européens.

Indo-Chine.

Entre le Brahmapoutre, le golfe de Bengale et le grand
Océan. Elle comprend quatre États indigènes.

§ 1er. **Royaume d'Annam,** entre le fleuve Cambodge
et la mer.

Grandes divisions : *Deux provinces* : Tonking et Cochinchine.

Principales villes : *Hué*, capitale (300) et *Tourane*,
en Cochinchine; *Kecho* (100) et *Lac*, ports ouverts en
Tonking.

§ 2. **Royaume de Cambodge,** entre le fleuve Cambodge et les monts Moggs.

Ville : *Cambodge*, capitale (sous le protectorat de la
France).

§ 3. **Royaume de Siam,** entre les Moggs et les monts
de Siam.

Villes principales : *Bankok* (300) et Siam.

§ 4. **Empire du Birman,** isolé de la mer, sur l'I-
raouaddy.

Ville : Ava, capitale (50), accessible à la navigation.

QUESTION II.

PERSE, CABOUL OU AFGHANISTAN, HÉRAT, TURKESTAN.
GRANDES DIVISIONS. — PRINCIPALES VILLES.

Perse, Hérat, Afghanistan et Béloutchistan :
sur un plateau dont les quatre côtés sont les monts
Zagros, du Khorassan, Brahouïks et Ouachanti.

Perse.

Partie occidentale du plateau entre le golfe Persique et
la Caspienne.

Grandes divisions : Onze provinces.

Principales villes : TÉHÉRAN, capitale (150) ; *Schiraz*
(30), et entre elles : *Ispahan* (60). — *Tauris* (160), à
l'angle occidental, près du lac Ourmiah ; les *trois ports :*
de *Recht* (60), sur la Caspienne ; de *Bender-Abassi* (20)
et de *Bender-Bouchir* (25).

Hérat.

Sur les deux pentes des monts du Khorassan.

Principales villes : HÉRAT (100) et *Bamian*.

Afghanistan et Béloutchistan.

Dans les vallées de l'Helmend et du Caboul, sur les deux
pentes des monts Brahouïk.

Grandes divisions de l'Afghanistan : Caboul et
Afghanistan.

Principales villes : KANDAHAR, capitale (100), *Caboul* (60).

Béloutchistan : faible population longtemps tributaire
des Afghans ; ville principale Kélat.

Turkestan (AUX RUSSES).

Entre les monts du Khorassan, Bolor, Alguidim et la Caspienne, la seule route du commerce avec la Chine occidentale.

Grandes divisions : Au nombre de *six :* 1°, 2°, 3°,

4°, Pays des *Kirghis* et Khanats de *Khokand, de Bouck-hara, de Khiva* aux Russes; 5° Khanat de *Hissar* (indépendant); 6° *Koundouz*, à l'Afghanistan.

Villes : les capitales *Bouckara* (70), *Khokand* (100), *Khiva* (10), *Hissar* et *Koundouz*.

QUESTION III.

TURQUIE D'ASIE, ARABIE. — GRANDES DIVISIONS. — PRINCIPALES VILLES.

Turquie d'Asie (AVEC ÎLES DE CHYPRE, RHODES, SAMOS, CHIO, MÉTÉLIN, SPORADES).

Elle est située entre deux lignes fictives menées du golfe Persique au golfe de Suez, et au fond de la mer Noire. Une chaîne détachée du Caucase court jusqu'en Palestine sous les noms de Moschiques, Amanus et Liban, et forme la crête des deux versants de la Méditerranée et de l'océan Indien : l'Euphrate en découle à droite, et le Kizil-Ermak, à gauche (1).

Grandes divisions : Cinq régions, divisées en quinze pachalicks.

Principales villes : Dans le versant de gauche : 1° *Les villes maritimes de Trébizonde* (50), de *Sinope*, de *Smyrne* (150); d'*Alexandrette*, port d'*Alep* (100); de *Tripoli* (15), port de *Hama* (60); de *Beyrouth* (15), port de *Damas* (200); de *Jaffa* (5), port de *Jérusalem* (20).

2° Dans l'autre versant : *Mossoul* (60) et *Bagdad* (100), sur le Tigre; *Erzroum* (60) et *Hillah* (Babylone), sur l'Euphrate; *Bassorah* (60), sur le Chat-el-Arab.

Arabie, plateau bordé de collines entre le golfe Persique, la mer Rouge et l'océan Indien.

Grandes divisions : *Quatre* États, dont *trois* maritimes.

1° HEDJAZ, le long de la mer Rouge, État vassal des Turcs.

(1) Le Taurus, parti de Rhodes, coupe cette chaîne en croix vers le milieu, et continue jusqu'à l'Ararat, divisant l'Asie Mineure en deux pentes et séparant le Tigre de l'Euphrate.

Villes : la Mecque (50), *Médine* (20), et leur port *Djed-dah* (20).

2° YÉMEN, à l'angle formé par la mer Rouge et le golfe d'Aden.

Villes : *Sana* (50), capitale, et le port de *Moka* (10).

3° LE ROYAUME D'OMAN, maître de toute la côte du golfe Persique, des îles du golfe, et de la *rive Persane* du détroit d'Ormuz.

Villes : *Mascate* (60), capitale, *Lahsa*, *Bender-Abassi* (20).

4° ROYAUME WAHABITE, à l'intérieur.

Villes : *El-Ryad*, capitale.

QUESTION IV.

ASIE RUSSE. — DIVISIONS PRINCIPALES, VILLES IMPORTANTES.

Asie russe : Elle comprend la Transcaucasie, le Turkestan russe et la Sibérie. Les Russes cernent la Chine depuis la Corée jusqu'à l'Inde.

§ 1. **Transcaucasie** (pente du Caucase jusqu'à l'Aras).

Divisions principales : Iméréthie, Géorgie, Chirvan et Arménie russe.

Principales villes : *Tiflis* (5''), chef-lieu, sur le Kour, devant le défilé de Dariel.

§ 2. **Turkestan russe :** Tout le Turkestan, excepté le haut Amou (*Hissar* et *Koundouz*) (1), appartient à la Russie, comme sujet ou vassal. Elle vient d'y nommer un gouverneur-général (1867).

Grandes divisions : *Pays des Kirghis*, divisés en trois hordes, *kanat de Khiva*, *kanat de Khokand*, *kanat de Boukharie*.

Villes importantes : *Khokand* (100), sur le Syr-Daria, *Khiva* (20), sur l'Amou-Daria, *Boukhara* (100) et *Samarcande* (10), sur le Sogd, *fort Altausk*, chez les Kirghis.

§ 3. **Sibérie,** carré long, incliné vers l'Océan glacial et

(1) Le Koundouz, *jusqu'au fleuve*, est soumis à l'Afghanistan; Hissar forme le *seul* État indépendant.

dont deux côtés sont des montagnes et le fleuve Amour,
les *deux autres* l'océan Glacial et le Pacifique.

Divisions principales : Quatre gouvernements.

Villes importantes :

Tobolsk (20), capitale; *Irkoutsk* (20), *Iakoutsk* (10), sur
les trois fleuves Obi, Iénisséi et Léna; *Kiatcha*, près du
Baïkal, entrepôt du commerce chinois, et les *quatre
ports* de *Petropaulowsk*, *Nicolaïef*, *Alexandrowsk* et *Con-
stantinowsk*, du nom de Pierre, de Nicolas et de ses
deux fils, sur le Grand-Océan.

QUESTION V.

ASIE ANGLAISE. — DIVISIONS PRINCIPALES, VILLES IMPORTANTES.
POSSESSIONS DE LA FRANCE ET DU PORTUGAL.

Asie anglaise : Elle comprend : 1° *Hong-Kong*; 2° *la
côte orientale* du *golfe de Bengale*; 3° l'*Inde*, divisée en
Décan, entre les Windhya et les Gattes orientales et
occidentales, et l'Hindoustan, entre les Himalaya et
les Windhya; 4° les îles *Andaman* et *Nicobar*, *Ceylan*,
les *Lakedives* et les *Maldives*.

Divisions principales : 1° *Possessions vassales :* Décan, *Mysore*, *Népaul*, *Cachemyr*, etc.; 2° *Possessions directes*, divisées en trois *présidences :* du *Bengale*, de *Madras* et de *Bombay*.

Villes importantes :

Calcutta (1 million d'hab.), résidence du gouverneur général, *Madras* (600), *Bombay* (800) (1), *Surate* (100); et
près du Gange, *Agrah* (70), *Bénarés* (300); *Patna* (300)
et *Kurrachee* (30) aux bouches du Sind, *Lahor* (100),
Trinquemale et *Pointe de Galles* (Ceylan), *Singapour*
(100), clef de Malacca, *Victoria*, de Hong-Kong (100).

Possessions de la France en Asie : Dans l'Inde
et en Cochinchine.

1° DANS L'INDE : Les cinq villes de *Pondichéry* (30), notre
chef-lieu, de *Karikal*, *Yanaon*, *Mahé* et *Chandernagor*.

---

(1) Trois chemins de fer vont de *Bombay* à **Madras**, **Calcutta** et Kurrachee (Indus).

2° En Cochinchine : *Quatre-bras,* à la pointe du delta de Cambodge, et les *six* provinces de *Saïgon* (100), *Mytho* et *Bien-hoa* (rive gauche du Cambodge), de *Vinh-Long,* *Chau-doc* et *Hatien* (entre le Cambodge et le golfe de Siam), avec les îles *Poulo-Condor.*

Possessions du Portugal : 1° dans l'Inde, 2° en Chine.

1° Dans l'Inde : *Goa* (20); l'île *Diu,* bon port.

2° En Chine : *Macao* (40), baie de Canton.

QUESTION VI.

GÉOGRAPHIE PHYSIQUE ET POLITIQUE DE L'AFRIQUE. — L'ATLAS ET LE SAHARA. — LE NIL, LE SÉNÉGAL ET LE NIGER.

Géographie physique de l'Afrique :

Trois mers : Méditerranée, océan Indien, Atlantique.

Trois chaînes de montagnes, le long des trois mers : 1° Atlas (4,000 mètres), 2° *chaîne Arabique* prolongée sous les noms de *Lupata* et *Nieuveldt*; 3° monts de *Congo* ou *Kong.*

Vingt volcans et solfatares sur le continent et dans les îles.

* Trois versants maritimes et une *région intérieure* sans écoulement.

* Sept lacs et sept fleuves principaux : Le *Nil,* canal d'écoulement des *trois lacs Dembéa, Victoria,* et *Albert*; le *Zambèze,* déversoir des *trois lacs Maravi, Schirwa* et *Ngami* (1); l'*Orange,* le *Congo,* le *Niger,* la *Gambie* et le *Sénégal.*

Géographie politique de l'Afrique :

On peut la diviser en *vingt-quatre* régions, outre les *huit* *étapes* d'îles échelonnées entre l'Europe et l'Inde.

Huit régions sur la pente de la Méditerranée.

Huit régions sur la pente de l'Atlantique.

Quatre régions sur la pente de l'océan Indien.

Quatre a l'intérieur et a Madagascar.

En voici le tableau :

(1) Entre ces lacs est le Tanganika.

Principales Contrées de l'Afrique.

(150,000,000 d'hab.)

VERSANT DE LA MÉDITERRANÉE	VERSANT DE L'ATLANTIQUE.	INTÉRIEUR ET MADAGASCAR.
Soudan orien- tal, Abyssinie, Nubie, Egypte, Tripoli, Tunisie, Algérie, Maroc, baignés par le Nil.	Sahara occidental. Sénégambie. Guinée (entre les caps Verga et Lopez). Soudan occidental, Congo, entre les caps Lopez et Negro. Cimbébasie. Région de l'Orange (Hottentots et Boers, 100,000). Cap (300,000 habit.).	Cafrerie, Mozambique, Zanguebar, Ajan, Océan indien. Sahara cen- tral, Soudan cen- tral, Plateau aus- tral, Madagascar. intérieur

L'Atlas : Il se divise en *trois chaînes* parallèles réunies par une foule de chaînons.

1° GRAND ATLAS : ligne de partage des eaux du Sahara et de la Méditerranée. Il va du cap *Noun* (Maroc) au cap *Bon* (Tunis), et s'élève à 3,500 mètres.

2° MOYEN ATLAS : Du cap *Spartel* (Maroc) au cap *Blanc* (Tunis), s'élève de 1,500 à 3,000 mètres.

3° PETIT ATLAS : Il longe la Méditerranée entre l'embouchure du *Chéliff* et celle du *Sahel* (Algérie). Le Jurjura y atteint 2,000 mètres.

Le Sahara : Plaine de sable de 5,000 kilomètres de long et de 2,000 de large, entre l'Atlantique et le bassin, du Nil au-dessous de Kartoum.

TROIS PEUPLES DANS LE SAHARA : Les *Maures* à l'ouest, les *Touaregs* (1) au centre, les *Tibbous* à l'est.

TROIS OASIS PRINCIPALES : Agably, Agadès et Bilma.

Le Nil est un fleuve de 1,200 lieues (2), dont la navigation est interrompue par *six cataractes*, et où les bateaux à vapeur ne remontent que jusqu'à Louqsor. Il

(1) Alliés à la France depuis 1862.
(2) C'est avec l'Amazone et le Mississipi le plus grand fleuve du monde.

baigne 600 lieues de possessions égyptiennes. Venu des monts *Kilimandjaro*, au sud de l'équateur, à travers les lacs *Victoria* (Nyanza) et *Albert* (Nzigé), il reçoit *trois affluents* : le *Nil bleu* et l'*Athorah* (à droite), le *Keilak* (à gauche), et il entre dans la mer par les *deux bouches principales de Damiette et de Rosette*. Deux canaux le relient à Suez et à Alexandrie.

De juillet à septembre les pluies tropicales le font grossir et déborder.

États baignés par le Nil et ses affluents :

Par le Nil même : 1° *Nègres et Gallas* (Haut Nil); 2° Petits États de *Khartoum* ou Halfey, de *Chendi*, de *Dongolah* et de *Derr* (Nubie); 3° *Égypte* (250 lieues de long), subdivisée en *sept gouvernements*. Villes principales : *Le Caire*, capitale (550), *Alexandrie* (300), *Port-Saïd*, *Suez* et *Ismaïla*, aux deux bouts et au centre du canal de Suez, qui aura 37 lieues de long sur 86 mètres de large.

* Par le Nil bleu et l'Athorah : Les trois petits États abyssins : de *Tigré*, capitale Adouah; de *Gondar*, de *Choa*, capitale Ankober, et de l'État *nubien* de Sennaar.

* Par le Keilah (Soudan) : Le *Darfour*, capitale Kobbé; le *Kordofan*, capitale Obéid.

Le Sénégal : Fleuve de 450 lieues, dont 300 navigables, malgré les bancs de sable et la barre de l'embouchure. Il sort de la pente occidentale des monts de Kong. Comme le Nil, il déborde de juillet à septembre. Il arrose les petits États des *Mandingues* et des *Foulhas*, musulmans pasteurs et cultivateurs, et ceux des *Yolofs*, pêcheurs.

Le Niger : Fleuve de 1,000 lieues de long, dont 250 navigables, sort de la pente orientale des monts de Kong, à 20 lieues du Sénégal. Il baigne quatre États principaux : le *Bambarah*, capitale Sego; le *Tombouctou* (1), capitale Tombouctou (13), dont le port est Kabra; l'*empire des Fellatahs* ou *Poules*, *au centre*, dont la ville principale est Sakatou (20); le *Funda*, sur la Tchadda,

(1) Allié de la France.

capitale Funda ; le *Benin*, qui occupe tout le delta, capitale Benin.

QUESTION VII.

POSSESSIONS EUROPÉENNES. — PRINCIPAUX ÉTATS INDIGÈNES.

Possessions européennes d'Afrique : Toutes les îles et une ceinture d'établissements sur les côtes. *Six peuples* ont des possessions en Afrique :

Aux Hollandais ou à leurs anciens colons du Cap (Boërs) :

1° ELMINA, Côte-d'Or, bon port fortifié (10).

2° LA RÉPUBLIQUE DU TRANSWAHAL, sur le Wahal et la Maloppa, affluents de l'Orange, et sur le Zimpopo, tributaire de la baie Delagoa (océan Indien), capitale *Potchefstroom.*

3° LA RÉPUBLIQUE DE L'ORANGE, entre l'Orange et le Wahal, cap. *Bloemfontein.*

Ces républiques sont indépendantes.

Aux Anglais, *dix* établissements, dont cinq dans les îles.

1° GAMBIE : Le cours du fleuve, qui a 200 lieues, dont 50 navigables, avec les villes de *Bathurst* (6), Albreda et Pisania.

2° SIERRA-LEONE (Guinée), cap. *Freetown* (40), défendue par le fort Bance.

3° CAP-COAST ou CORSE (Guinée), cap. *Cape-Coast* (10), port fortifié en face des Achantis.

4° ASCENSION, relâche. — 5° *Sainte-Hélène*, cap. *James-Town*, bon port.

6° LE CAP, entre l'Orange et la mer : cap. *le Cap* (40), *Port-Élisabeth* (baie d'Algoa).

7° CÔTE DE NATAL : cap. *Port-Natal.* — 8° *Maurice et Rodrigue*, dans les Mascareignes, cap. *Port-Louis* (35), bon port et arsenal.

9° SEYCHELLES : cap. *Mahé*, très-bon port. — 10° *Socotara,* relâche anglaise, mais appartenant à l'iman de Mascate.

Aux Français : *Sept* points principaux.

1° **Algérie :** Plus vaste que la France, elle a 250 lieues de long entre le Maroc et la Tunisie, sur la Méditerranée. Cette mer y forme le *golfe d'Oran*, entre les *caps Ferrat et Falcon* ; le *golfe d'Alger* et le *cap Matifou* ; le *golfe de Stora* entre les *caps de Fer* et de *Bougaroni* ; elle y reçoit les rivières la *Tafna*, le *Chelif*, le *Sahel*, le *Rummel*, la *Seybouse*, dont aucune n'est navigable.

* **Divisions :**

Trois zones naturelles (longitudinales) : *Sahara algérien*, au delà du grand Atlas ; *Plateaux*, entre le grand et moyen Atlas ; *Tell*, entre le moyen Atlas et la mer.

Trois provinces (transversales) : Alger, Oran et Constantine. Elles ont chacune *un territoire militaire occupé par les indigènes*, et *un territoire civil* (une partie du Tell) *habité par les colons* ; de là, les deux sortes de divisions administratives suivantes :

Trois divisions administratives militaires *ou arabes*, Alger, Oran, Constantine, ainsi subordonnées en cinq échelons : 1° *Division* (général de division en tête) ; 2° *subdivision* (général) ; 3° *cercles* (commandant et bureau arabe formés d'officiers parlant arabe) ; 4° *Caïdats ou tribus* (caïds arabes) ; 5° *Ferkas* ou *Cheïkats*, composés de douars ou hameaux (cheïks arabes).

Trois divisions administratives civiles *ou départements* pour les colons :

Alger (60). Sous-préfectures : Blidah (10), Medéah (10), Milianah (8).

Oran (30). S.-pr. : Mostaganem (15), Mascara (10), Tlemcen (20).

Constantine (50). S.-pr. : Setif (5), Guelma (10), Bone (15), Philippeville (15).

Les sous-préfectures se divisent en commissariats civils et communes.

2° **Sénégal** (Rives du fleuve, et 100 lieues de côtes entre Portendick et Gorée).

Villes : *Saint-Louis* (20), capitale, *Dagana*, *Podor*, *Bakel*, *Sedhiou* et *Gorée*, bon port avec un fort.

3° Grand Bassam et *Assinie*, Côte d'Ivoire.

4° Gabon, belle rade, entrée de fleuve sous l'équateur.

5° **Réunion** (50 lieues de tour), à l'est de Madagascar : *Saint-Denis* (20) et *Saint-Paul*, où l'on pourrait faire un port.

6° Sainte-Marie, cap. Port-Louis; *Mayotte* et *Nossi-bé* (côte de Madagascar).

7° Sur la mer Rouge : *Adoulis*, *Massouah* et *Obock*, et l'île *Dessi*.

Aux Espagnols : Trois groupes de possessions.

1° Les quatre présides marocains.

2° Les Canaries, dont sept grandes; cap. *Santa-Cruz* (Ténériffe) et *Las Palmas* (Grande Canarie), bons ports.

3° Annobon et Fernando-Po, avec deux ports, devant les bouches du Niger.

Aux Portugais.

1° Les Açores (neuf îles), avec les ports d'*Angra* (Terceire), de *Horta* (Fayol).

2° Madère et son port de *Funchal* (20).

3° Sénégambie (Cours du Rio-Grande de 200 lieues), avec les *dix îles du Cap Vert*, les *Bissagos*, villes : *Cachéo* et *Saint-Vincent*, relâche des Transatlantiques de Bordeaux et *correspondance* pour le Sénégal.

4° Saint-Thomas et *Île du Prince* (golfe de Guinée).

5° Congo portugais, entre le cap Negro et le Coanzah (Angola et Benguela), avec les ports de *Saint-Philippe* et de *Saint-Paul*.

6° Mozambique et bouches du Zambèze, entre les caps *Corrientes* et *Delgado*; cap. *Mozambique*, bon port, *Tetté*, sur le Zambèze, à l'entrée du canal d'écoulement du Maravi.

Principaux États indigènes. Outre ceux que nous avons indiqués, les principaux sont les suivants :

1° **Dans les îles.**

MADAGASCAR :
- ÉTAT DES HOVAS (au centre de Madagascar), cap. *Tananarive* (50), port *Tamatave*.
- ÉTAT DES ANBAVARES (Madagascar), cap. *Tintiny*.

2° **Sur les versants maritimes.**

MÉDITERRANÉE :
- TRIPOLI, avec *Ghadamès*, *Barcah*, et le *Fezzan* (tributaire des Turcs).
  Villes : *Tripoli* (15) et *Benghasi*, ports de mer; *Ghadamès* et *Mourzouk*.
- TUNIS (bey viager nommé par la Porte) : Villes, *Tunis* (100), *Kairouan* (60) et *Cabès* (20).
- MAROC : Trois capitales et leurs ports. *Fez* (100), *Méquinez* (40), *Maroc* (40), *Salé* (60) et *Mogador* (15). — Autres ports : *Tétuan* (30), *Tanger* (15).

GUINÉE :
- RÉPUBLIQUE NÈGRE DE LIBÉRIA, cap. *Monrovia*.
- ACHANTIS, entre l'Akba et le Volta : cap. *Coumasie*.
- DAHOMEY, du Volta au Niger : cap. *Abomey*.

CONGO (ou GUINÉE MÉRIDIONALE) :
- ÉTATS DE LOANGO, cap. Boualis, et de *Congo*, cap. San-Salvador.
- ÉTATS D'ANGOLA ET DE BENGUELA, tributaires des Portugais.

ZANGUEBAR : Entre le cap Delgado et l'équateur. Chaque ville de la côte a un sultan : *Brava*, *Mélinde*, etc. L'iman de *Mascate y possède Quilou* et *Zanzibar* (10), le seul port fréquenté.

3° **A l'Intérieur :** LACS TCHAD ET FITTRÉ.

BORNOU, entre l'Yeou et le Charry, affluents du Tchad. Cap. *Kouka*, ville princ. *Kano* (60), le plus grand marché du centre.

WADAY, sur le Bahr-Omm-Tahman, tributaire du Fittré. Cap. *Ouara*.

QUESTION VIII.

GÉOGRAPHIE PHYSIQUE ET POLITIQUE DE L'AMÉRIQUE DU NORD ET DES ÎLES DU GOLFE DU MEXIQUE ET DE LA MER DES ANTILLES. — MONTAGNES, FLEUVES ET LACS, ISTHMES. — ÉTATS ET CONFÉDÉRATIONS. — GRANDES VILLES, POPULATION ET GOUVERNEMENTS. — POSSESSIONS EUROPÉENNES.

Géographie physique de l'Amérique du Nord : Elle est baignée par *trois océans* :

1° OCÉAN PACIFIQUE, entre l'Amérique et l'Asie. Il forme les *deux presqu'îles* d'Alaska et de Californie.

2° OCÉAN ATLANTIQUE, entre l'Amérique et l'Europe. Il est rattaché par *quatre détroits* (Hudson, Belle-Ile, Floride, Passe-du-Vent), à *quatre golfes ou mers secondaires* (Hudson (1), Saint-Laurent, golfe du Mexique, mer des Antilles), et forme les *quatre presqu'îles* du Labrador, de la Nouvelle-Écosse, de Floride et d'Yucatan.

3° OCÉAN GLACIAL. Il est joint aux deux autres océans et à la mer *sans glaces* de Kane, par les *quatre détroits* de Behring, de Davis, de Smith et de Kennedy, et forme les *deux presqu'îles* de Melville et de Boothia. Dans cette dernière se trouve le *pôle magnétique*.

Montagnes : *Trois chaînes parallèles* rattachées par les collines transversales de Missouri : 1° la *double chaîne des Alleghanys et des Montagnes Bleues*, à l'ouest ; 2° les *monts Rocheux*, au centre (5 kilomètres d'altitude), prolongement des Stanovoï d'Asie ; 3° les *monts aurifères de la Californie*, longeant le Pacifique du fond de la presqu'île de Californie au fond de celle d'Alaska.

Plus de *deux cents volcans* et solfatares dans les deux Amériques : *Saint-Élie et Popocatepetl* (Am. du Nord).

Fleuves et lacs : Le *Mackenzie* (300 l.) porte à l'océan *Glacial* l'eau des *trois lacs Athabasca*, de l'*Esclave*

(1) La baie d'Hudson étant au-dessous du *Cercle polaire*, fait partie de l'Atlantique.

et du *Grand-Ours*; le *lac Winnipeg* s'écoule par le Nelson. Les *cinq grands lacs* (*Supérieur*, *Michigan*, *Huron*, *Érié* et *Ontario*), après les deux chutes de Sainte-Marie et du Niagara, se déversent par le *Saint-Laurent* (250 lieues) dans l'Atlantique, qui reçoit encore le Mississipi (1,300 lieues de cours), grossi du Missouri (800 lieues de cours). Au *Pacifique* n'affluent que des cours d'eau secondaires, à cause du voisinage des montagnes : *Orégon* (400 l.), *Colorado* (300 l.), *Youkoun*.

Isthmes : *Quatre principaux* dans l'Amérique Centrale aux endroits où le golfe du Mexique et le Pacifique se rapprochent le plus : *Tehuantepec*, de *Honduras*, de *Mosquitos* et de *Panama*.

États et Confédérations.

Tous les États et les *deux Confédérations d'États* (Nouvelle-Bretagne et États-Unis) sont compris dans les *six régions suivantes* .

Nouvelle-Bretagne,	4,000,000	Mexique,	8,000,000
Groënland,	20,000	Amérique centrale,	5,000,000
Etats-Unis,	55,000,000	Antilles,	4,000,000

1° Nouvelle-Bretagne.

PROVINCES-UNIES BRITANNIQUES DE L'AMÉRIQUE.

La Nouvelle-Bretagne comprend la Nouvelle-Écosse et tous les pays au nord des cinq grands lacs et d'une ligne menée du lac Supérieur à l'embouchure du Frazer.

TROIS RÉGIONS NATURELLES : 1° Région de l'ouest ou *Colombie anglaise* (îles Vancouver et Victoria, littoral entre l'embouchure du Frazer et le Simpson, et tout le pays à l'ouest des Montagnes Rocheuses).

2° *Région du nord* ou *Territoire de la baie d'Hudson*, entre la mer, les Montagnes Rocheuses et les collines du Missouri et leur prolongement jusqu'au cap Charles, avec les *Terres arctiques* (Baffin, Ellesmère, Haut Groënland, etc.).

3° *Région des lacs et du Saint-Laurent* comprenant *quatre États confédérés* (juillet 1867) sous le nom d'UNION DES PROVINCES BRITANNIQUES DE L'AMÉRIQUE : *l'Ontario*, le

Québec (haut et bas Canada), le *Nouveau-Brunswick*, la *Nouvelle-Écosse* avec les îles.

Grandes villes : *Ottawa* (25), cap. de la Confédération, *Halifax* (50), port accessible en *toute saison*, *Montréal* (120), *Québec* (60), *Toronto* (80). — *Fort-York* (Hudson), *New-Westminster* (Colombie).

Gouvernement (1867) : *Vice-roi* à Ottawa, *Sénat* nommé par la reine, *Chambre des Communes*, élective pour les affaires *communes* de la Confédération, et dans chaque État un *lieutenant-gouverneur* et une législature pour les affaires *locales*. — La *Colombie*, colonie minière et agricole, relève directement de la Métropole ; l'*Hudson* est administré par une compagnie de marchands.

2° **Groënland** (avec Island et Jean Mayen).

Grande île triangulaire, dont la pointe méridionale est le cap Farewell, et les côtés la mer de Baffin, l'Atlantique (et la mer sans glaces de Kane ?). Le littoral de la mer de Baffin est seul occupé par des comptoirs *danois* au sud, *anglais* au nord, et par des frères moraves.

Villes : *Julianeshaab, Christianhaab* et *Upernawick; Nouvelle-Hernhutt* (celle-ci aux frères moraves).

Gouvernement : Le *Groënland danois* est divisé administrativement en deux inspections, *sud et nord*, et concédé à la compagnie groënlandaise. L'*Island* est administrée par un *grand bailli* et une *assemblée législative*.

3° **États-Unis**.

Avec îles Kodiah, du Roi-Georges, du Prince-de-Galles : *Cinq régions naturelles* : 1° pente de l'Atlantique, des Alleghanys à la mer ; 2° bassin du Mississipi, entre les Alleghanys et les Monts Rocheux ; 3° pente du Pacifique à l'ouest des Monts Rocheux ; 4° pente des cinq grands lacs ; 5° Amérique Russe achetée en 1867.

Trente-six États et *dix territoires* (un territoire passe *État* quand il a 60,000 blancs). *Vingt États* sont sur l'Atlantique, *dix* au-dessus de la baie de Chesapeake (États du Nord), *dix* au-dessous (États du Sud). Dans le bassin du Mississipi, ils ont en général le nom des cours d'eau (Wisconsin, Illinois, Ohio, Kentucki et Tennessée, Missouri, Nebraska et Kansas, Arkansas). Les *territoires* sont tous au delà du Missouri. (Voir Atlas.)

Grandes villes :

* Capitale, *Washington* (70).

* Sur l'Atlantique (du nord au sud) : *Portland* (25), *Boston* (250), *New-York* et son arsenal *Brooklyn*, dans l'île Longue (1,200,000), *Philadelphie* (600), *Baltimore* (200), *Charlestown* (60), *Mobile* (30), *Nouvelle-Orléans* (170). — *San-Francisco* (100), sur le Pacifique, *Nouvelle-Arkhangelsk* (arch. du Roi-Georges).

* Sur les lacs : *Buffalo* (100), *Détroit* (100), *Chicago* (120).

Sur les fleuves : *Saint-Louis* (200), *Louisville* (80), *Cincinnati* (200).

Gouvernement : Chaque État est une république ayant un président et deux chambres électifs pour les affaires *locales*. A Washington réside un président *commun*, élu pour quatre ans et payé 125,000 fr., avec un congrès qui se compose d'un sénat (2 sénateurs par État) et une chambre des députés, élus au *suffrage universel*. Les territoires sont administrés par des *gouverneurs* non électifs.

4° **Le Mexique**.

Contrées au sud des États-Unis jusqu'au golfe de Tehuantepec, avec l'Yucatan. Le Mexique est *un plateau* bordé par la Sierra de Potosi à l'est, et par la *Sierra de Sonora* à l'ouest, et traversé par les Montagnes Rocheuses (Sierra Madre). Ces trois chaînes se réunissent à la frontière du Guatemala.

Grandes villes :

Sur le plateau : Mexico, capitale (200), *Guadalaxara* (80), *Puebla* (60).

Sur les deux mers ou pentes du plateau : *Matamoros*, à l'embouchure du Rio del Norte ; *Tampico*, aux bouches du Tampico ; *Vera-Cruz* et *Campéche* (golfe du Mexique) ;

— *Acapulco* (4,000 h.), rade magnifique, et *San-Blu*
(embouchure du Santiago).

Gouvernement : République fédérative (1867).

5° **Amérique centrale** (VILLES ET GOUVERNEMENT).
Entre le Mexique et les *deux océans*, jusqu'au fond du
golfe des Mosquitos.

CINQ RÉPUBLIQUES INDÉPENDANTES, dont *trois* touchent aux
deux mers.

1° LE GUATEMALA, capitale *Guatemala* (40).

2° et 3° HONDURAS, cap. *Comayagua* (10), et SAN-SALVADOR,
cap. *San-Salvador* (20), sur les deux pentes des Monts
Rocheux, côte à côte.

4° NICARAGUA, cap. *Managua* (10), port Grey-Town.

5° COSTA-RICA, cap. *San-José* (20).

6° **Les Antilles** (AVEC LES VILLES PRINCIPALES).

Quatre groupes d'Antilles : Les *Grandes Antilles* et les *Petites Antilles,* prolongement de la chaîne d'Yucatan ;
les *Lucayes ou Bahama,* au nord ; les *Iles-sous-le-Vent,*
des bouches de l'Orénoque au golfe de Maracaïbo
(Colombie).

1° GRANDES ANTILLES, au nombre de quatre, dont une en
dehors de la chaîne, la *Jamaïque* (70 lieues sur 20),
capitale *Kingston* (40). Les trois autres bout à bout.
Cuba (250 l. sur 20), cap. *La Havane* (200) ; *Haïti*
(150 l. sur 50), cap. *Saint-Domingue* (10), ville principale *Port-au-Prince* (20) ; *Porto-Rico* (40 l. sur 20),
cap. *Porto-Rico.*

2° PETITES ANTILLES (arc de cercle entre les bouches de
l'Orénoque et Porto-Rico).

Les principales, outre *la Trinité* (cap. *Spanish-Town*),
sont : *la Martinique,* cap. *Fort-de-France* (20), escale
des Transatlantiques, ville principale *Saint-Pierre* (20),
et *la Guadeloupe,* cap. *Basse-Terre* (10), ville principale
Pointe-à-Pitre (20). Entre elles se trouve *la Dominique,*
cap. Roseau, aux Anglais ; au-dessus de la Guadeloupe,
*le carré anglais d'Antigoa, Barbade, Saint-Christophe et
Montserrat ;* et au-dessous de la Martinique, *l'autre*

*carré long de Sainte-Lucie (cap. Port-Castries), de la Gre-
nade, Tabago et Barbade*, aussi aux Anglais.

3° Lucayes ou Bahama (Plus de 500 en trois groupes) :

Les principales sont : *Grande Bahama, Abaco, San Salva-
dor,* où aborda Colomb, et *Inagua,* cap. *Nassau* (île
Providence).

4° Iles sous-le-Vent, *Curaçao,* cap. Willemstadt.

Gouvernement : Haïti, seule, forme une république,
indépendante, les possessions anglaises ont un gouverneur et un parlement local; les autres colonies européennes sont sous l'autorité directe de leur métropole.

Possessions européennes.

Toutes les nations maritimes de l'Atlantique, excepté le
Portugal et la Prusse, ont des possessions dans l'Amérique du Nord.

1° Aux Suédois (1) : *Saint-Barthélemy* (Antilles), capitale Gustavia.

2° Aux Danois : *Saint-Thomas, Saint-Jean et Sainte-Croix,*
cap. Saint-Thomas (Antilles), Groënland, Island.

3° Aux Hollandais : *Saint-Martin* (Sud), *Saba, Saint-Eustache* et *Curaçao.*

4° Aux Belges : Saint-Thomas, golfe de Honduras.

5° Aux Anglais : *Nouvelle-Bretagne, Vancouver,* iles de la
Reine-Charlotte, Terres Arctiques, iles du *golfe Saint-
Laurent, Bermudes, Lucayes, Jamaïque,* une *vingtaine de
Petites Antilles, Balise* (côte d'Yucatan).

6° Aux Français : Saint-Pierre et Miquelon (golfe de
Saint-Laurent), Martinique, Guadeloupe, Désirade,
Saintes, Marie-Galante (autour de la Guadeloupe).

7° Aux Espagnols : Cuba et Porto-Rico.

---

(1) Nous suivons la position géographique de ces peuples en Europe, du
nord au sud.

QUESTION IX.

GÉOGRAPHIE PHYSIQUE ET POLITIQUE DE L'AMÉRIQUE DU SUD. MONTAGNES, FLEUVES ET LACS. — ÉTATS ET CONFÉDÉRATIONS. — PRINCIPALES VILLES. — GOUVERNEMENT. — POSSESSIONS EUROPÉENNES.

Géographie physique de l'Amérique du Sud.

Vaste triangle dont les *trois côtés* sont l'Atlantique et le grand Océan, et les *trois angles* les caps *Gallinas* au nord, *San-Roque* à l'est, et le cap *Froward* au sud.

1° **Océan Atlantique** : Il sépare l'Amérique du Sud de l'Afrique. *Quatre golfes ou estuaires : Maracaïbo, Amazone, la Plata, Saint-Georges. Une presqu'île : Saint-Joseph* (Patagonie). *Deux détroits : Magellan et Lemaire* (entre Terre-de-Feu, Terre-des-États et Patagonie).

2° **Océan Pacifique** : Entre l'Amérique du Sud, l'Australie et la Malaisie. *Deux golfes : Panama et Guayaquil. Une presqu'île : des Trois-Montagnes* (Patagonie).

Montagnes : *Trois chaînes principales.*

1° LES ANDES, qui continuent les monts Rocheux, de Panama au cap Froward (7,900 mètres d'altitude). C'est la ligne de partage des eaux de l'Atlantique et du Pacifique.

2° LA CHAÎNE TRANSVERSALE DES VERSANTS (Sierra dos Vertentes). Elle se détache du milieu des Andes (20°), et court à l'est jusqu'au cap San-Roque, limitant les deux grandes plaines de l'Amazone et de la Plata. C'est une perpendiculaire abaissée du sommet du triangle américain, sur le grand côté.

3° CHAÎNE DU BRÉSIL. Elle longe l'Atlantique entre les embouchures de la Plata et du San-Francisco, et projette entre leurs sources le *chaînon de Canastra*.

Fleuves : Aucun sur l'étroit versant du Pacifique; *trois principaux* sur celui de l'*Atlantique* :

1° ORÉNOQUE : Il vient du lac Ipava, près des monts de la

Parime, et après 600 lieues de cours circulaire entre dans la mer par 50 bouches, dont 7 sont navigables, ainsi que le fleuve, pour les plus gros navires. D'avril en septembre, il déborde jusqu'à 30 lieues de ses rives.

2° Amazone : Il sort du lac Lauricocha, au nord de Lima (10°), sous le nom de *Tunguragua*, et continue son cours de 1,200 lieues sous le nom de Marañon, puis d'*Amazone*, et s'embouche sous l'Équateur. Il reçoit à gauche le Rio Negro (300 lieues), relié par le canal naturel de *Cassiquiare* à l'Orénoque, et la *Madura* (450 l.), qui le rapproche de la Plata par le *Pilcomayo*. La Madura et le Pilcomayo peuvent être unis par un canal.

3° La Plata, formée du *Parana* (700 l.), de l'*Urugay* (200 l.), et du *Paragay* (400 l.), où s'écoule le *Pilcomayo* (350 l.).

Lacs : *Titicaca*, dans les Andes (70 l. sur 50), *Maracaïbo* (38 l. sur 40), *Los Patos*, près de l'Atlantique.

États et Confédérations : Ils se partagent en dix régions.

1. Colombie,	6,000,000	6. Chili,	2,000,000
2. Guyane,	200,000	7. Confédération argentine,	2,000,000
3. Brésil,	8,000,000	8. Paragay,	1,000,000
4. Pérou,	2,000,000	9. Urugay,	200,000
5. Bolivie (Haut-Pérou),	2,000,000	10. Patagonie,	100,000

1° Colombie.

Entre la mer des Antilles et le Pacifique, du golfe de Panama au golfe de Guayaquil. *Trois républiques indépendantes :*

1° Nouvelle-Grenade (États-Unis de Colombie, confédération Grenadine). Isthme de Panama (Amérique du Nord), bassin de la Magdalena, et les deux littorals jusqu'à la baie de Maracaïbo, sur l'Atlantique, et à l'Équateur, sur le Pacifique.

Huit États unis pour l'intérêt général, séparés pour les affaires *locales* (Panama, Bolivie, Magdalena, etc.).

Principales villes :

Capitale : *Bogota* (50), près de la Magdalena.

Forts : *Aspinwall* ou *Colon* (10), port de destination des paquebots de Saint-Nazaire et de Southampton qui relâchent à Carthagène (30) et à Sainte-Marthe (10), de chaque côté de la Magdalena. — Sur le Pacifique : *Panama*, jointe à Aspinwall par un chemin de fer.

Gouvernement : Chacun des huit États a ses lois et son gouverneur. Il y a un président commun à Bogota, élu pour quatre ans, et un congrès de deux chambres, élues pour deux ans.

2° VÉNÉZUELA (Petite Venise), État composé de LLANOS (plaines).

Cours de l'Orénoque et canal du Cassiquiare, et littoral entre le Maracaïbo et l'Essequibo. La côte seule est habitée. Quatre départements.

Principales villes : *Caracas*, capitale, et *la Guyara*, son port (60), et *Maracaïbo* (20), *Bolivar* ou *Angostura*, sur l'Orénoque (10).

Gouvernement : Président pour quatre ans, sénat et représentants. La république se divise en quatre départements.

3° RÉPUBLIQUE DE L'ÉQUATEUR, avec les îles Gallapagos.

Angle entre le Maranon et son affluent la Caqueta. Llanos inhabités jusqu'aux Andes.

Principales villes : *Quito*, capitale (80), dans le triangle formé par les volcans de Cayambé, Antisana et Pichincha ; et le port de *Guayaquil* (25).

Gouvernement : Président, sénat, députés. Trois divisions administratives.

2° Guyanes.

Grande savane entre l'Essequibo et les monts de la Parime, le long de l'Atlantique. Elle appartient aux Français, aux Hollandais et aux Anglais.

1° GUYANE FRANÇAISE, des monts de la Parime au fleuve Maroni : capitale *Cayenne* (10) dans une île.

2° GUYANE HOLLANDAISE, du Maroni au Corentin : cap. *Paramaribo* (20).

3° GUYANE ANGLAISE, entre Maroni et Essequibo : capit. *George-Town* ou *Stabrock* (15).

Gouvernement direct de la métropole pour les Guyanes

française et hollandaise ; *parlement colonial* pour la Guyane anglaise.

3° **Brésil.**

Tout le littoral entre les monts de la Parime et le canal d'écoulement du lac los Patos, et presque tout le bassin de l'Amazone.

Principales villes : Les ports de *Rio-Janeiro*, capitale (350), de *Bahia* (200), de *Fernambouc* (100); escales Transatlantiques de *Saint-Louis-de-Maranho* (30), de *Para* ou *Belem* (30) et de *Villa-de-Rio-Negro*, sur l'Amazone (1).

Gouvernement : Empire constitutionnel, divisé en vingt provinces.

4° **Pérou** , ET LES TROIS CHINCHAS (ÎLES A GUANO). (2)

Plateau formé par les Andes, et ses deux talus avec le littoral, du golfe Guayaquil au 20ᵉ parallèle.

Principales villes : *Lima*, capitale (150), et son port *Callao*; *Arica* (20), devant un col des Andes, port commun à la Bolivie et au Pérou; *Arequipa* (40), et *Cuzco* (50), dans l'intérieur.

Gouvernement : Président, avec un conseil d'État, sénat et représentants. Seize divisions administratives, dont trois maritimes.

5° **Bolivie** (HAUT PÉROU).

Triangle dont le confluent du Beni et du Guapore est le sommet, le tropique, la base. Elle appartient à quatre bassins : au *Pacifique*, au *Titicaca sud*, à *la Plata* par le Pilcomayo, à l'*Amazone*, par les affluents que reçoit la Madeira au-dessous de ses cataractes.

Principales villes : *La Plata* (Chuquisaca ou Sucre), capitale (20), *La Paz* (40), et le port de *Cobija* (2), en face du col de *Calamas*.

Gouvernement : Président à vie, et deux chambres. Neuf divisions administratives.

---

(1) L'Amazone est ouvert au commerce étranger (sept. 1867).
(2) Elles en fournissent annuellement pour 10 millions de francs.

6° **Chili** (AVEC LES ÎLES JUAN-FERNANDEZ, CHILOÉ, MÈRE-DE-DIEU).

Entre le tropique, l'île Chiloé, les Andes et la mer.

Principales villes : *Santiago,* capitale (100), et les ports de *Valparaiso* (30), Coquimbo (20), Conception (10), Valdivia (3), et Saint-Charles (de Chiloé).

Gouvernement : Un président pour cinq ans, et deux chambres.

7° **Confédération argentine** (ÉTATS-UNIS DE LA PLATA).

Entre les Andes, le Rio-Negro, l'Atlantique, les fleuves Urugay et Paragay, et le tropique (Pampas et Llanos).

Principales villes : *Buenos-Ayres* (130), capitale, *Rosario* (10), *Corrientes* (20), sur le fleuve ; *Cordoue* (15) et *Tucuman* (15).

Gouvernement : Confédération de quatorze États autonomes pour les affaires *locales* ; président commun et deux chambres pour les affaires d'intérêt général.

8° **Paragay.**

Entre le Parana, le Paragay et le Brésil, à 300 lieues de la mer.

Principale ville : *Assomption,* capitale (30).

Gouvernement : Un président et deux chambres. Vingt-quatre divisions administratives.

9° **Urugay.**

Entre l'Urugay, le Rio de la Plata et une ligne fictive menée de la lagune Merim au milieu de l'Urugay.

Ville principale : Montévidéo (50).

Gouvernement : Un président, deux chambres, et le code français.

10° **Patagonie** (ET TERRE DE FEU).

Au sud du Rio-Negro, elle est arrosée par le Rio-Gallego, de 15 mètres de profondeur, et le Santa-Cruz au sud.

Ville : *Port-Famine* (Chili), au cap Froward.

Gouvernement : Tribus sauvages.

Possessions européennes.

Les îles de la mer des Antilles, les trois Guyanes, les
Falkland ou Malouines et la Terre-des-États sont les
seules possessions européennes de l'Amérique du Sud.
La Terre-des-États et les Falkland (Mainland et Conti)
sont aux Anglais. Elles ont un parlement colonial et
un gouverneur anglais.

QUESTION X.

GÉOGRAPHIE PHYSIQUE ET POLITIQUE DE L'OCÉANIE. — PRINCI-
PALES RACES INDIGÈNES. — POSSESSIONS EUROPÉENNES.

Géographie physique de l'Océanie.

L'Océanie est un immense archipel compris dans le *grand
Océan*, au sud du 40ᵉ parallèle septentrional et à l'est
de l'Asie et du 90ᵉ méridien.

Cinq mers secondaires : De *Célèbes*, de *Java*, de
la *Sonde* et des *Moluques* (Malaisie) ; de *Corail* (Mélanésie).

Cinq détroits : De *Macassar*, de la *Sonde*, de *Torrès*,
de *Bass*, de *Cook*. — *Cinq caps principaux en Australie* :
Wilson, Leeuwin, Nord-Ouest, Essington, York, et *huit*
en Nouvelle-Zélande.

Trois chaînes de montagnes dont les sommets
sortent de la mer et forment la plupart des îles de l'O-
céanie (5 kilomètres d'altitude aux Sandwich). Il en
jaillit plus de *cent quatre-vingts* volcans et solfatares.

1º CHAÎNE VOLCANIQUE DE SUMATRA ET TASMANIE (1) : Prolongement des montagnes de l'Asie. Elle forme les îles
de la Sonde, la chaîne des Montagnes d'Australie, et
celle de Tasmanie.

2º CHAÎNE VOLCANIQUE DE LUÇON ET NOUVELLE-ZÉLANDE :

Nous donnons à chaque chaîne le nom de ses deux extrémités.

Prolongement de celle du *Kamtchatka* par les Kouriles, les îles du Japon. Elle va jusqu'au mont Egmont en Nouvelle-Zélande, à travers Philippines, Bornéo, Moluques, Nouvelle-Guinée, Hébrides, Nouvelle-Calédonie, etc.

5° Chaîne polynésienne, rattachée peut-être à la précédente. Elle serpente des *Mariannes* aux *îles Gambier*, surgissant pour former les Mariannes, les Carolines, les îles Gilbert, des Navigateurs, des Amis, etc.

Six fleuves principaux : *Siak* (Sumatra), *Kappouas* (Bornéo), *Darling*, et son affluent le Murray, *Rivière des Cygnes* et *Victoria* (Australie), *Waikato* (Nouvelle-Zélande).

Deux lacs : *Eyre* et *Torrens* (Australie).

Quatre divisions : *Mélanésie*, *Malaisie*, *Micronésie* et *Polynésie*.

1° Mélanésie : *Australie* et *Tasmanie*, et la chaîne d'îles tendue de la *Nouvelle-Guinée* à la *Nouvelle-Zélande* (îles Salomon, Hébrides, Loyalti).

2° Malaisie : Pyramide d'îles, dont les îles de la Sonde sont la base et Luçon la pointe, entre la Mélanésie et l'Asie.

3° Micronésie, au nord de la Mélanésie : banc horizontal des *Carolines* et au-dessus chaîne verticale des *Mariannes*, couronnée par les îles de *Magellan*.

4° Polynésie, à l'est de la Mélanésie et de la Micronésie, entre les tropiques.

Le principal groupe polynésien est celui des *Sandwich*, cap. *Honolulu,* avec une reine et un gouvernement constitutionnel.

Principales races indigènes :

Il y en a deux : 1° la *race nègre océanienne* dans la Mélanésie (2 millions), 2° la *race olivâtre ou malaise*, variété de la race mongolique, dans les trois autres régions (25 millions).

Possessions européennes.

Ces possessions forment *quatre groupes* répondant à peu

près aux *quatre divisions de l'Océanie,* et appartenant à *quatre nations européennes* (Hollande, Angleterre, France, Espagne).

1º **Possessions hollandaises** (PYRAMIDE MALAISE, EXCEPTÉ LE SOMMET).

ILES PRINCIPALES : La chaîne de *Sumatra* (sauf le royaume indigène d'Achem, à la pointe nord), *Java, Sumbava, Florès,* et partie de Timor ; au-dessus de cette chaîne : *Bornéo* (excepté le royaume indigène de Bornéo, au nord), *Célèbes, Moluques,* et les petites îles voisines.

* VILLES : *Batavia,* capitale (151), dans l'île de Java, Bencoulen (Sumatra), Banjermassing (Bornéo), Macassar (Célèbes), Amboine (Moluques).

GOUVERNEMENT : 1º Un *gouverneur* général à Batavia ; 2º des *chefs indigènes,* surveillés par des sous-gouverneurs ; 3º les indigènes travaillent pour la Hollande, qui est *propriétaire du sol.*

2º **Possessions anglaises** (MÉLANÉSIE).

ILES PRINCIPALES : *Australie* (900 lieues sur 800), au sud de l'équateur ; *Tasmanie* et *Nouvelle-Zélande*) deux îles séparées par le détroit de Cook).

Villes : SIDNEY (100), rade magnifique, *Melbourne* (200), dans la région de l'Or, *Adélaïde* (20), *Perth,* lieu de déportation sur la rivière des Cygnes (20), *Victoria* et *Brisbane,* en Australie. — *Hobart-Town* (40) et *Port-Arthur,* en Tasmanie ; *Aukland* (20), *Wellington* et *Nelson* (Nouvelle-Zélande).

Gouvernement : L'Australie est divisée en *six régions,* dont trois, peuplées par des convicts (forçats libérés) et des chercheurs d'or. Elles ont chacune un parlement colonial, ainsi que la Tasmanie et la Nouvelle-Zélande. (Elles aspirent à former les États-Unis de l'Australasie.)

3º **Possessions françaises.**

Iles principales (Trois groupes). Le triangle formé par les îles Marquises, Gambier et de la Société (Haïti) ; les îles Wallis (Polynésie), les îles Loyalti (Nouvelle-Calédonie, Chabrol, Britannia).

Villes : *Napoléonville* et *Nouméa* (Nouvelle-Calédonie), *Papéiti* (Taïti).

4° Possessions espagnoles.

Le sommet de la pyramide des îles malaises et la Micronésie.

Iles principales : Trois groupes : Les *Philippines* (Luçon, Mindanao), les *Mariannes*, les *Carolines*.

Villes : *Manille* (100) dans l'île Luçon.

Gouvernement : Un gouverneur et des alcades.

QUESTION XI.

DESCRIPTION SOMMAIRE DES MERS : LE GRAND OCÉAN ET L'OCÉAN ATLANTIQUE ; LA MER DES INDES. — PRINCIPAUX GOLFES ; MERS INTÉRIEURES. — LIGNES DE NAVIGATION LES PLUS SUIVIES. — PRINCIPAUX VOYAGES DE DÉCOUVERTES ET DE CIRCUMNAVIGATION : TERRES AUSTRALES ; PASSAGE DU NORD-OUEST.

§ I. Description sommaire du Grand Océan (MER DU SUD, PACIFIQUE).

Encadré dans une vaste chaîne de montagnes qui le longe de Malacca à la Terre-de-Feu, le Grand Océan sépare l'Asie et l'Amérique, les tenant éloignées de *seize lieues à cinq mille lieues*. Du nord au sud, il mesure *trois mille lieues*. Sa plus grande profondeur connue est de *sept kilomètres*; mais il est hérissé de bas-fonds, d'îles et de rochers. *Son littoral asiatique gèle dès le 50° parallèle; son littoral américain ne gèle pas au-dessous du 60°*, à cause de la chaleur abandonnée dans l'air par la condensation des vapeurs que les vents d'ouest apportent de la mer pendant *dix mois*. Comme *toutes* les mers des tropiques, l'océan Pacifique est traversé par un *courant équatorial* qui suit la marche apparente du soleil. Ce courant d'eau chaude, poussé par les eaux froides et plus denses du pôle austral et par la rotation de la terre, se replie sur lui-même devant les côtes de l'Australie et du Japon, et revient de l'ouest

à l'est frapper l'Amérique (Orégon), sous le nom de
courant noir du Japon.

Dans la courbe du courant se trouve une *mer de Sargasses*, réceptacle d'herbes sans racines et de débris
charriés par le courant.

Principaux golfes et mers intérieures :

Mer de *Chine*, mer *Jaune*, mer du *Japon*, mer d'*Okhotsk* et
mer de *Behring*, en Asie ; mer *Vermeille* et golfe de *Panama*, en Amérique.

Lignes de navigation les plus suivies : 1° De

Panama à tous les ports du littoral américain jusqu'à
la *Colombie anglaise* au nord, et à *Valparaiso* au sud ;
2° de *San-Francisco* (États-Unis) à *Canton* (Chine) ; 3° de
Valparaiso (Chili), à *Sidney* (Australie) (1).

§ II. Description sommaire de l'océan Atlantique :

Grande vallée sinueuse de *trois mille lieues de long sur
quinze cents de large*, entre l'Amérique, l'Afrique et
l'Europe. *Quatorze kilomètres* de profondeur à 20° au
large de Montévidéo, et plus encore entre les Bermudes
et Terre-Neuve ; *plateau sous-marin* entre l'Irlande et
Terre-Neuve. Son COURANT ÉQUATORIAL va du *cap Vert*
(Sénégambie) au cap *San-Roque* (Brésil) ; de là il court
au fond du golfe du Mexique. Il en sort par le canal de
Bahama, sous le nom de GULF-STREAM (courant du golfe),
se recourbe devant le banc de Terre-Neuve et le courant polaire, et va se bifurquer sur les Açores, d'où il
coule partie au nord, partie au sud. Dans cette sinuo-
sité s'encadre la *mer des Sargasses* (1500 l. sur 50),
vaste prairie flottante d'herbes brunâtres et de plantes
apportées jusque des Andes et des Montagnes Rocheuses par l'*Amazone* et le *Mississipi*. *Le littoral euro-
péen de l'Atlantique ne gèle jamais jusqu'au golfe de
Varanger, au 70° de latitude, tandis que le littoral
américain gèle dès le 45° et la Baltique dès le 55°*, phéno-
nomène dû, avons-nous dit, à la *condensation des vapeurs*
venues du large et aux eaux chaudes du Grand-Cou-
rant du golfe de Mexique.

(1) Ces lignes sont reliées aux Transatlantiques européens.

Principaux golfes et mers intérieures : Du côté de l'Amérique : *Estuaires de la Plata et de l'Amazone,* mer des *Antilles,* golfe du *Mexique,* baie de *Fundi,* golfe *Saint-Laurent,* mer d'*Hudson*; du côté de l'Europe : mer du *Nord* (160 mètres de profondeur au plus), mer *Baltique* (200 m. au plus), *Manche* (160 m. au plus), *Méditerranée,* longue de 800 *lieues* (jusqu'aux Dardanelles), large de 250 lieues au plus et de 30 au moins. Sa profondeur atteint 4 kilomètres.

Lignes de navigation les plus suivies :

1° Transatlantique du *Nord* de la France dans l'Amérique du *Nord* (du Havre à New-York).

2° Transatlantique *central,* dans l'Amérique *centrale* (Saint-Nazaire à Colon-Aspinwall), et un autre à Vera-Cruz.

3° Transatlantique *sud,* dans l'Amérique du *Sud* (Bordeaux à Rio-Janeiro et Montévidéo).

4° *Des paquebots vont de Liverpool* aux trois mêmes ports (à New-York, Aspinwall et Montévidéo).

5° *Lignes de Southampton et Liverpool au Cap* par la voie du large, la plus favorable, ou par la voie côtière.

6° De *Marseille* à tous les ports de la Méditerranée (Europe et Afrique) et au Danube, à la *Réunion* et au *Japon* par Suez.

§ III. **Description de la mer des Indes :**
Entre l'Afrique, l'Australie et l'Asie, elle a 2,000 *lieues* de l'ouest à l'est, 1500 du nord au sud. Elle a sa *mer de Sargasses* et son *courant équatorial.* Ce courant reçoit son impulsion des eaux froides attirées du pôle *austral,* et qui se dirigent, comme tous les courants froids de ce pôle, vers le point le plus oriental, c'est-à-dire *le plus tôt échauffé* et dilaté. Des *moussons* y soufflent des côtes de l'Inde à celles du Mozambique, et *réciproquement,* suivant que le soleil est dans l'hémisphère nord ou sud. Elles sont causées par l'échauffement des sables et de l'air adjacent qui s'élève en faisant place à l'air plus froid du nord-est ou du sud-est.

Principaux golfes et mers intérieures : L'océan Indien a creusé les deux golfes d'*Oman* et de *Bengale,* la *mer Rouge,* longue de 650 lieues, large de 60 au plus, et le golfe *Persique* qui mesure 220 l. sur 120

Lignes de navigation les plus suivies :

1° *De Suez* à la Réunion, à Calcutta et à Singapour (et de là à Yedo).

2° *Du Cap* à Calcutta, continuation de la ligne de Southampton.

Principaux voyages de découvertes et de circumnavigation :

Deux sortes de voyages : 1° Découverte des terres, 2° explorations scientifiques.

1re Période (1453 à 1750). *Huit Voyages de découvertes* dont *quatre* de circumnavigation.

Quatre d'exploration.

1492. *Colomb* découvre l'*Amérique* pour l'Espagne.

1497. *Vasco de Gama*, Portugais, fait le tour *de l'Afrique*.

1499. *Cabot* explore les *côtes de l'Amérique du Nord*, pour les Anglais.

1642. *Tasman*, Hollandais, découvre ou explore l'*Australasie* (Australie, Tasmanie, Nouvelle-Zélande), les îles *Tonga*, *Viti*, la *Nouvelle-Guinée*.

Quatre de circumnavigation.

1520. *Magellan*, Portugais au service de l'Espagne (Mariannes, Philippines).

1577. *Drake*, Anglais (Nouvelle-Albion).

1615. *Lemaire*, Hollandais (archipels Dangereux et des Navigateurs).

1673. *Dampier*, Anglais (Nouvelle-Bretagne, Nouvelle-Irlande).

2e Période (1750 à 1850), *Huit Voyages scientifiques* (pour étudier les mers, les rivages, l'astronomie des contrées déjà découvertes); Georges III, roi d'Angleterre, donne l'initiative en envoyant Byron.

Quatre Français.

1766. *Bougainville* (Haïti, les Louisiades).

1786. *Lapérouse* (Manche de Tartarie, détroit de Lapérouse).

1791. *D'Entrecasteaux* (Côtes de la Nouvelle-Calédonie, de la Tasmanie et de l'Australasie sud).

1826-36. *Dumont d'Urville* (Malouines, Vanikoro, Pôle sud).

Quatre Anglais.
- 1764. *Byron* (îles du Roi-Georges, les Mulgraves, etc.).
- 1766. *Carteret* (îles de la Reine-Charlotte et Carteret).
- 1768. *Wallis* (Taïti et Wallis).
- 1768-72-76. *Cook*. Il fait trois voyages (Nouvelle-Zélande, Nouvelle-Calédonie, Sandwich).

PRINCIPAUX EXPLORATEURS DES CONTINENTS :

1° *En Asie* : Chardin et Bernier, Humboldt, Huc et Burton.

2° *En Afrique* : Mungo-Park, Caillé, Caillaud, Barth, Speke, Baker et Livingstone.

3° *En Amérique* : Humboldt, John Franklin et d'Orbigny.

4° *En Australie* : Eyre et Grégory.

Terres australes :

Elles ont été découvertes *de* 1820 *à* 1840.

- 1820. *Smith*, Anglais (Nouvelle-Shetland et Nouvelles-Orcades).
- 1830. *Biscoe*, Anglais (Terres de Graham et d'Enderby).
- 1840. *Dumont d'Urville*, Français (Terres Louis-Philippe, Joinville, Adélie et Clarie).
- 1841. *Ross*, Anglais (Terre Victoria et volcans l'Érèbe et la Terreur).

Passage du nord-ouest (Mac-Clure, 1853).

Après les récents efforts de Parry et de Franklin (1820), Ross (1830), et du Français *Bellot* (1851), le capitaine *Mac-Clure* l'a traversé en 1853.

Il se compose des *quatre détroits de Banks, Melville, Barrow* et *Lancastre*, bordés *au sud* par les *quatre terres* de *Behring*, du *Prince-Albert*, de *Victoria*, du *Prince-de-Galles* ; *au nord*, par les *quatre terres* de *Banks*, de *Melville*, de *Bathurst* et de *Devon*.

FIN.

TABLE DES MATIÈRES

HISTOIRE.

CLASSE DE RHÉTORIQUE.

Histoire de France et Histoire moderne depuis l'avénement de Louis XIV
jusqu'à 1815.

CLASSE DE PHILOSOPHIE.

Histoire contemporaine de 1789 à nos jours.

Première partie : Résumé philosophique de l'Histoire moderne jusqu'en
1815.

Deuxième partie : Histoire contemporaine.

GÉOGRAPHIE.

Révision sommaire de la Géographie générale.

CLASSE DE TROISIÈME.

Description particulière de l'Europe.

CLASSE DE SECONDE.

Description particulière de l'Asie, de l'Afrique, de l'Amérique et de
l'Océanie.

FIN DE LA TABLE.

SAINT-CLOUD. — IMPRIMERIE DE Mme Ve BELIN.